全国中等卫生职业教育规划教材
供护理、助产及其他医学相关专业使用

# 护理专业技术实训

（修订版）

主　编　曾建平

副主编　李夫艳　易巍陆　周　霞

编　者　（以姓氏笔画为序）

兰洪萍　重庆市医药卫生学校
李夫艳　山东省临沂卫生学校
易巍陆　首都医科大学附属卫生学校
周　霞　淄博职业学院护理学院
罗　尧　四川省宜宾卫生学校
袁　征　郑州市卫生学校
梁　爽　辽宁省营口市卫生学校
董　军　丹东市中医药学校
曾建平　重庆市医药卫生学校
滕冬梅　新疆伊宁卫生学校

科学出版社
北　京

## 内 容 简 介

本书将常用护理操作技能以临床护理任务为主线，分为六大实训模块：出入院护理技能、急救护理技能、围术期护理技能、生活支持护理技能、一般治疗护理技能、母婴护理技能。每一模块由2~3个护理项目组成，每一项目包括相互关联的2~3个护理操作。由临床案例分析导入的2~3个护理操作组成一个护理项目，每个项目中的护理操作与案例中病情发展有机连接，采取实训项目完成法培养学生临床思维能力和实践能力，实现与临床"零距离"接轨。内容与护考密切结合，在案例引领项目的基础上，增加了"相关病例讨论"栏目。不但将与技能有关的鲜活临床情境呈现给学生，而且在案例分析与讨论中使学生灵活掌握技能的相关知识，培养学生解决临床实际问题的综合能力，使其更加贴近岗位需求，贴近护考。

本书供全国中等卫生职业院校护理、助产及其他医学相关专业使用。

**图书在版编目(CIP)数据**

护理专业技术实训／曾建平主编．—修订本．—北京：科学出版社，2016
全国中等卫生职业教育规划教材
ISBN 978-7-03-048669-1

Ⅰ．护…　Ⅱ．曾…　Ⅲ．护理学-中等专业学校-教材　Ⅳ．R47

中国版本图书馆CIP数据核字(2016)第127407号

责任编辑：郝文娜　杨小玲／责任校对：李　影
责任印制：徐晓晨／封面设计：黄华斌



科学出版社 出版
北京东黄城根北街16号
邮政编码：100717
http://www.sciencep.com
北京建宏印刷有限公司 印刷
科学出版社发行　各地新华书店经销
*
2016年6月第 一 版　开本：787×1092　1/16
2020年8月第五次印刷　印张：7
字数：157 000

**定价：20.00元**

（如有印装质量问题，我社负责调换）

# 全国中等卫生职业教育规划教材
# 编审委员会
## （修订版）

# 全国中等卫生职业教育规划教材
# 教材目录
## （修订版）

| | | | | |
|---|---|---|---|---|
| 1 | 解剖学基础 | 于晓谟 | 袁耀华 | 主编 |
| 2 | 生理学基础 | 柳海滨 | 林艳华 | 主编 |
| 3 | 病理学基础 | 周溢彪 | 刘起颖 | 主编 |
| 4 | 生物化学概论 | | 高怀军 | 主编 |
| 5 | 病原生物与免疫学基础 | 饶洪洋 | 张晓红 | 主编 |
| 6 | 药物学基础 | 符秀华 | 付红焱 | 主编 |
| 7 | 医用化学基础 | 张彩霞 | 张　勇 | 主编 |
| 8 | 就业与创业指导 | 丁来玲 | 万东海 | 主编 |
| 9 | 职业生涯规划 | | 宋建荣 | 主编 |
| 10 | 卫生法律法规 | | 李云芝 | 主编 |
| 11 | 信息技术应用基础 | 张伟建 | 程正兴 | 主编 |
| 12 | 护理伦理学 | | 王晓宏 | 主编 |
| 13 | 青少年心理健康 | | 高云山 | 主编 |
| 14 | 营养与膳食指导 | 靳　平 | 冯　峰 | 主编 |
| 15 | 护理礼仪与人际沟通 | 王　燕 | 丁宏伟 | 主编 |
| 16 | 护理学基础 | 王　静 | 冉国英 | 主编 |
| 17 | 健康评估 | 张　展 | 袁亚红 | 主编 |
| 18 | 内科护理 | 董燕斐 | 张晓萍 | 主编 |
| 19 | 外科护理 | 王　萌 | 张继新 | 主编 |
| 20 | 妇产科护理 | 王春先 | 刘胜霞 | 主编 |
| 21 | 儿科护理 | 黄力毅 | 李砚池 | 主编 |
| 22 | 康复护理 | 封银曼 | 高　丽 | 主编 |
| 23 | 五官科护理 | | 陈德荣 | 主编 |
| 24 | 老年护理 | | 生加云 | 主编 |
| 25 | 中医护理 | 韩新荣 | 朱文慧 | 主编 |
| 26 | 社区护理 | | 吴　苇 | 主编 |
| 27 | 心理与精神护理 | | 杨明荣 | 主编 |
| 28 | 急救护理技术 | | 杨建芬 | 主编 |
| 29 | 护理专业技术实训 | | 曾建平 | 主编 |
| 30 | 产科护理 | 潘　洁 | 李民华 | 主编 |
| 31 | 妇科护理 | 王月秋 | 吴晓琴 | 主编 |
| 32 | 母婴保健 | 王海燕 | 王莉杰 | 主编 |
| 33 | 遗传与优生学基础 | 田廷科 | 赵文忠 | 主编 |

# 全国中等卫生职业教育规划教材
# 修 订 说 明

《全国中等卫生职业教育规划教材(护理、助产专业)》在编委会的组织下,在全国各个卫生职业院校的支持下,从2009年发行至今,已经走过了8个不平凡的春秋。在8年的教学实践中,教材作为传播知识的有效载体,遵照其实用性、针对性和先进性的创新编写宗旨,落实了《国务院关于大力发展职业教育的决定》精神,贯彻了《护士条例》,受到了卫生职业院校及学生的赞誉和厚爱,实现了编写精品教材的目的。

这次修订再版是在前两版的基础上进行的。编委会全面审视前两版教材后,讨论制定了一系列相关的修订方针。

1. *修订的指导思想* 实践卫生职业教育改革与创新,突出职业教育特点,紧贴护理、助产专业,有利于执业资格获取和就业市场。在教学方法上,提倡自主和网络互动学习,引导和鼓励学生亲身经历和体验。

2. *修订的基本思路* 首先,调整知识体系与教学内容,使基础课更侧重于对专业课知识点的支持、利于知识扩展和学生继续学习的需要,专业课则紧贴护理、助产专业的岗位需求、职业考试的导向;其次,纠正前两版教材在教学实践中发现的问题;最后,调整教学内容的呈现方式,根据年龄特点、接受知识的能力和学习兴趣,注意纸质、电子、网络的结合,文字、图像、动画和视频的结合。

3. *修订的基本原则* 继续保持前两版教材内容的稳定性和知识结构的连续性,同时对部分内容进行修订和补充,避免教材之间出现重复及知识的棚架现象。修订重点放在四个方面:①根据近几年新颁布的卫生法规和卫生事业发展规划及人民健康标准,补充学科的新知识、新理论等内容;②根据卫生技术应用型人才今后的发展方向,人才市场需求标准,结合执业考试大纲要求增补针对性、实用性内容;③根据近几年的使用中读者的建议,修正、完善学科内容,保持其先进性;④根据学生的年龄和认知能力及态度,进一步创新编写形式和内容呈现方式,以更有效地服务于教学。

现在,经过全体编者的努力,新版教材正式出版了。教材共涉及33门课程,可供护理、助产及其他相关医学类专业的教学和执业考试选用,从2016年秋季开始向全国卫生职业院校供应。修订的教材面目一新,具有以下创新特色。

1. *编写形式创新*　在保留"重点提示，适时点拨"的同时，增加了对重要知识点/考点的强化和提醒。对内容中所有重要的知识点/考点均做了统一提取，标列在相关数字化辅助教材中以引起学生重视，帮助学生拓展、加固所学的课程知识。原有的"讨论与思考"栏目也根据历年护士执业考试知识点的出现频度和教学要求做了重新设计，写出了许多思考性强的问题，以促进学生理论联系实际和提高独立思考的能力。

2. *内容呈现方式创新*　为方便学生自学和网络交互学习，也为今后方便开展慕课、微课等学习，除了纸质教材外，本版教材创新性提供了手机版 APP 数字化辅助教材和网络教学资源。其中网络教学资源是通过网站形式提供教学大纲和学时分配以及讲课所需的 PPT 课件（包含图表、影像等），手机版数字化教辅则通过扫描二维码下载 APP，帮助学生复习各章节的知识点/考点，并收集了大量针对性强的各类练习题（每章不低于 10 题，每考点 1~5 题，选择题占 60%以上，专业考试科目中的案例题不低于 30%，并有一定数量的综合题），还有根据历年护士执业考试调研后组成的模拟试卷等，极大地提高了教材内涵，丰富了学习实践活动。

我们希望通过本次修订使新版教材更上一层楼，不仅继承发扬该套教材的针对性、实用性和先进性，而且确保其能够真正成为医学教材中的精品，为卫生职教的教学改革和人才培养做出应有的贡献。

本套教材第 1 版和第 2 版由军队的医学专业出版社出版。为了配合当前实际情况，使教材不间断地向各地方院校供应，根据编委会的要求，修订版由科学出版社出版，以便为各相关地方院校做好持续的出版服务。

感谢本系列教材修订中全国各卫生职业院校的大力支持和付出，希望各院校在使用过程中继续总结经验，使教材不断得到完善和提高，打造真正的精品，更好地服务于学生。

编委会

2016 年 6 月

# 修订版前言

卫生职业教育教学指导委员会2007年出台了全国中等卫生职业教育护理专业教学计划和教学大纲以及其2014年教育部编制关于中等职业学校专业教学标准(试行),以培养德、智、体全面发展的技能型卫生专业人才,以更好地培养具有职业生涯发展基础的技能型、服务型的高素质劳动者。为了突出护理专业综合实践能力的培养,组织编写《护理专业技术实训》这门综合实践课程。它是学校教学与临床衔接的桥梁课程,是学生在进入临床实习前对护理学基础和临床护理技能进行综合实训的课程。

本教材在体现以能力为本位、以职业实践为主线、以现代护理模式为中心、在实训中提高学生操作技能的同时,注重学生综合素质的培养,缩短与岗位的距离,使学生尽快从护生向护士转化。本教材编写具有以下特色。

1. *模块组合* 将常用护理操作技能以临床护理任务为主线,分为六大实训模块:出入院护理技能、急救护理技能、围术期护理技能、生活支持护理技能、一般治疗护理技能、母婴护理技能。每一模块由2~3个护理项目组成,每一项目包括相互关联的2~3个护理操作。

2. *利用案例引领项目* 由临床案例分析导入2~3个护理操作组成一个护理项目。每个项目中的护理操作与案例中病情发展有机连接。采取实训项目完成法培养学生临床思维能力和实践能力,实现与临床"零距离"接轨。

3. *与护考密切结合* 护考(护士执业资格考试)是护理专业学生学习的一个重要的指挥棒,近几年有临床背景的案例型试题越来越多,已占80%以上。本教材在案例引领项目的基础上,增加了"相关病例讨论"栏目,不但将与这一技能有关的鲜活临床情境呈现给学生,而且在案例分析与讨论中使学生灵活掌握这一技能的相关知识,培养学生解决临床实际问题的综合能力,使其更加贴近岗位需求,贴近护考。

4. *考评标准注重整体评价和可操作性* 考评标准注重仪容、仪表、操作前后的评估、解释沟通、人文关怀、用物处理等非技术性内容;分数设置充分考虑教学学时限制,尽量粗化,体现可操作性和适用性。

本教材在编写过程中,参考了大量相关资料,受到全国护理职业院校技能大赛的启发,同时得到了各级领导和护理同仁的大力支持,在此一并表示衷心感谢。

限于编者的学识和能力,加之时间仓促,书中疏漏之处恳请广大读者给予谅察和惠正。

编　者

2016年6月

# 目　录

# 第 1 章

# 出入院护理技能

**学习要点**

出入院护理的目的是协助病人或家属办理出入院手续，做好入院的初步护理，使病人尽快适应住院环境，配合治疗护理；做好出院指导和卫生宣教，提高病人自护能力。常用的护理技术有：床铺的准备、入院评估、标本采集、生命体征的测量、体温单的绘制等。

## 项目一　生命体征测量+入院评估+体温单的绘制

【临床病例】　患者，女，55 岁，咳嗽 3d 伴发热 1d 入院。患者 3d 前自觉鼻塞、流涕，轻微咳嗽，自服抗感冒药物效果不佳，近 1d 畏寒，发热，体温 39.5℃。遂来医院就诊。于 2014 年 8 月 30 日上午 10 点 20 分收住内二科，安排在二病室 6 床，住院号：123456；测量生命体征：T 39.5℃，P 90/min，R 20/min，BP 110/70mmHg，体重 50kg。青霉素皮试阳性。

【分析导入】

1. 病人体温 39.5℃，可采取物理降温或遵医嘱药物降温。

2. 病人高热，严密观察和测量生命体征，每 4 小时测量一次体温；并将结果绘制在体温单上。

3. 及时准确进行入院护理评估，了解病人身体情况、心理需要及健康问题，为制订护理计划提供依据。

4. 补充营养和水分，以高热量、高蛋白、高维生素、易消化的流质或半流质食物为主，多饮水。

【用物准备】

1. 生命体征测量　治疗盘、体温计（腋表）、治疗碗、湿纱布、弯盘、血压计、听诊器、记录纸、记录笔、洗手液。

2. 入院护理评估　入院护理评估单、手电筒、记录纸、记录笔、洗手液。

3. 体温单的绘制　体温单、记录本（病人信息）、红钢笔、蓝钢笔、直尺、体温单绘制笔。

【操作流程】

| 项目名称 | 操作流程 | 技术要求 | 人文关怀(护患沟通) | 分值 |
|---|---|---|---|---|
| 生命体征测量(100分) | 护士准备 | 护士:着装规范,举止端庄、大方,洗手 | | 5 |
| | 环境准备 | 环境安静整洁,光线充足,温度适宜 | | 5 |
| | 问候、核对评估、解释 | 携带用物至床旁,核对<br>解释、评估 | 王阿姨:您好,请问您叫什么名字,我是您的责任护士王林……感觉怎么样?给您测个体温,看看还发热吗 | 5 |
| | 病人准备 | 病人取舒适体位,方便操作 | 这样躺着舒适吗 | 5 |
| | 测量体温 | 用干纱布擦干腋窝汗液,将体温计水银端放于腋窝深处,夹紧,屈臂过胸(图 1-1),使体温计紧贴皮肤,保持 10min,取出读数 | 您腋下有汗液我帮您擦干好吗?请您像我这样夹紧体温计、把手臂屈起好吗<br>10min 后,我来帮您取出查看结果 | 15 |
| | 测量脉搏 | 以示指、中指、环指的指端按压在桡动脉上,按压力量适中,以能清楚地触摸到动脉搏动为宜。测 30s,乘以 2,为每分钟脉搏数 | 请伸出您的手臂,让我测量一下您的脉搏好吗 | 15 |
| | 测量呼吸 | 护士继续保持诊脉手势,观察病人胸部的起伏,一起一伏为一次;测 30s,乘以 2,为每分钟呼吸数 | | 10 |
| | 测量血压 | 1. 取坐位或平卧位,卷起或脱去非输液一侧袖子,露出上臂,手掌向上,肘部伸直<br>2. 放平血压计于上臂旁,打开水银槽开关,驱尽袖带内空气,袖带中部正对肘窝(图 1-2),袖带下缘距肘窝 2~3cm,将袖带平整缠于上臂中部<br>3. 触摸肱动脉搏动,用一手固定听诊器于搏动最明显处(图 1-3),另一手握加压气球,关闭气门,打气至肱动脉搏动消失再升高 20~30mmHg<br>4. 渐松橡皮球阀门缓慢放气,使水银柱以每秒 4mmHg 速度下降;同时听肱动脉搏动并注意水银柱刻度,当听诊器中听到第一声搏动时水银柱所指刻度为收缩压,当搏动声突然变弱或消失时水银柱所指刻度为舒张压<br>5. 取下袖带,驱尽袖带内余气,拧紧气门,卷好袖带,连同橡皮球一同放入血压计盒内固定位置,关闭血压计盒盖(部分血压计需将血压计向右倾斜 45°,才能使水银全部流回槽内) | 您好:请问您的这只手臂活动方便吗?我帮您把这侧的袖子脱掉好吗<br><br>王阿姨:在我打气和放气时请您不要说话好吗?否则我会听不清楚 | 30 |
| | 整理嘱托 | 协助患者穿好衣袖,取舒适卧位,整理床单位,所有用物归位。将结果告诉病人并给予合理解释,同时交代有关注意事项,给予心理支持 | 我帮您穿上衣袖好吗<br>感谢您的合作,这样躺着舒适吗 | 5 |
| | 记录感谢 | 将测得结果记于记录本上。感谢患者配合 | | 5 |

（续　表）

<table>
<tr><th>项目名称</th><th>操作流程</th><th>技术要求</th><th>人文关怀(护患沟通)</th><th>分值</th></tr>
<tr><td colspan="5">病人精神状态尚好,及时进行入院评估,为制订护理计划提供依据</td></tr>
<tr><td rowspan="5">入院护理评估(100分)</td><td>一般资料与健康史</td><td>基本信息:<br>年龄、民族、婚姻、家庭状况、职业、文化程度<br>评估现病史<br>评估既往史<br>评估家族史<br>评估过敏史</td><td>您好！我是您的责任护士×××,有关您此次生病的情况我想了解一下,大约十五分钟,请配合我好吗<br>请问您今年多大了？是哪个民族的？结婚了吗？有几个子女？<br>……</td><td>20</td></tr>
<tr><td>自理能力与生活习惯</td><td>饮食<br>睡眠<br>大小便<br>自理能力及预防保健<br>烟酒嗜好</td><td>您平时喜欢吃什么东西？生病后进食如何<br>现在睡眠好吗？以前睡眠好不好<br>大小便正常吗<br>生病前生活方面需要人帮助吗<br>您曾吸烟吗？您曾喝酒吗？（如一天喝多少?）……</td><td>30</td></tr>
<tr><td>心理社会状况</td><td>精神状态<br>对疾病的认识<br>心理状态<br>性格及交往能力<br>家庭情况<br>经济情况</td><td>您对这儿的环境及医护人员的服务态度满意吗<br>得了这种病,您知道要注意什么吗？您现在最担心什么<br>平时有什么业余爱好？和朋友聊天、串门吗？这次生病谁来服侍您？有没有参加医保？这次生病谁来承担医药费？……</td><td>20</td></tr>
<tr><td>护理体检</td><td>测 T、P、R、BP<br>一般情况<br>身体各部位检查</td><td>我现在给您做一些检查,请您配合……</td><td>20</td></tr>
<tr><td>安全评估</td><td>生理安全:疾病、出血、窒息<br>心理安全:攻击行为、自伤<br>环境安全:坠床、火灾</td><td></td><td>10</td></tr>
<tr><td colspan="5">请将相关信息及时、准确填写或绘制在体温单上</td></tr>
</table>

（续　表）

| 项目名称 | 操作流程 | 技术要求 | 人文关怀(护患沟通) | 分值 |
|---|---|---|---|---|
| 绘制体温单(100分) | 准备 | 护士:着装规范,举止端庄、大方,洗手 | | 5 |
| | 眉栏页码 | 在相应眉栏分别填写“某某”“内”“二”“6”“123456”<br>日期栏第一天写“2014-08-30”,第二天写“31”,第三天写“9-1”,第4、5、6、7天分别写“2、3、4、5”<br>住院日数栏依次写“1、2、3、4、5、6、7” | | 20 |
| | 40~42℃ | 用红笔在12点时间栏内,40~42℃(顶42℃水平)处竖写“入院十时二十分” | | 15 |
| | 体温曲线 | 在12点纵格栏内,39.5℃处蓝色绘制腋温符号“×” | | 15 |
| | 脉搏曲线 | 在10点纵格栏内,90次脉搏处红色绘制脉率符号“●” | | 15 |
| | 呼吸曲线 | 在12点纵格栏内,在20次呼吸处蓝色绘制呼吸符号“○”或直接靠上写呼吸次数 | | 15 |
| | 底栏填写 | 当日血压栏内用蓝笔分数式记录“110/70”,体重栏内记录“50”,药物过敏栏内用红笔记录“青霉素(+)” | | 10 |
| | 核对整理 | 重新核对是否填写正确,用物放回原处,保持整洁 | | 5 |

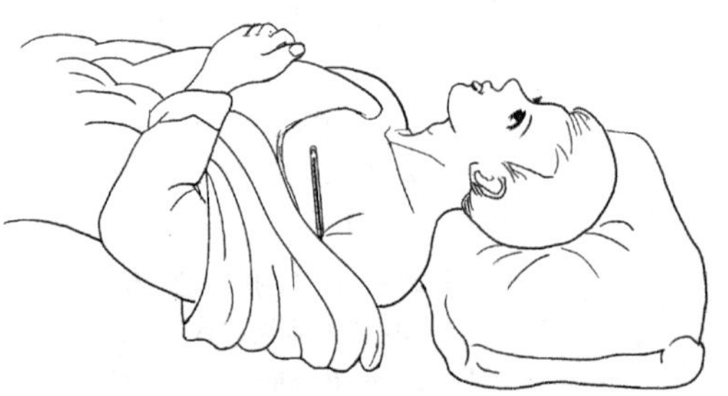

图1-1　腋温测量法

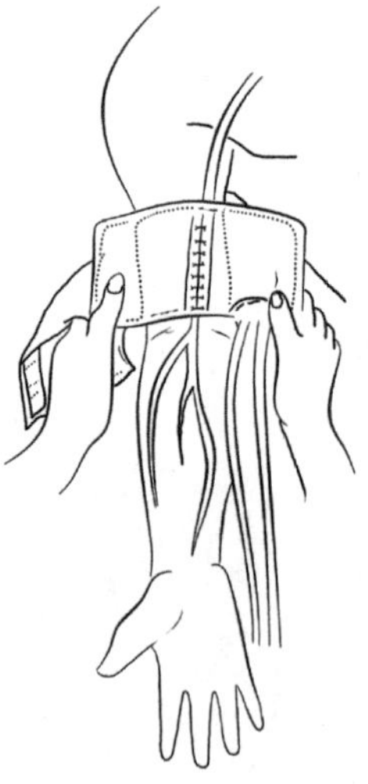

图1-2　袖带放置位置

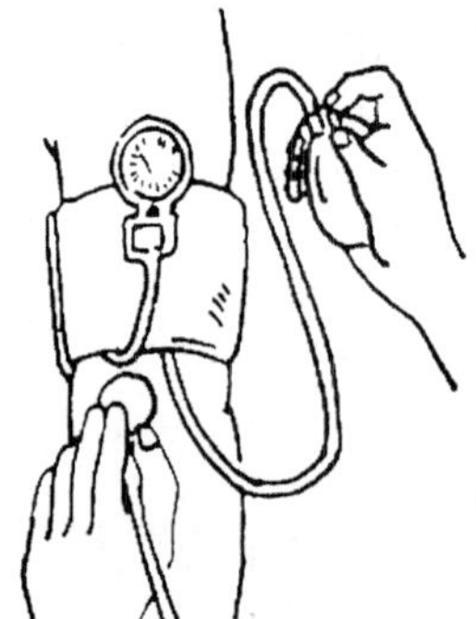

图1-3　听诊器胸件位置

【相关病例讨论】

**病例一**

周某,67岁,因肺炎球菌性肺炎住院,查体:T 39.3℃,P 92次/分,R 24次/分,BP 140/80mmHg。神志清楚,面色潮红,口角疱疹,痰液黏稠不易咳出,情绪烦躁,医嘱:抗生素静脉输液。

护理问题：

1. 体温过高
2. 清理呼吸道无效
3. 疼痛

## 讨论与思考

1. 病人体温 39.3℃，为高热，应给予物理降温或遵医嘱给予药物降温。降温 30min 后再次测量体温并记录。

2. 病情观察：每 4 小时测一次体温，体温恢复正常后 3d 改为每日 2 次。同时观察脉搏、呼吸及出汗情况。

3. 患者为感染性发热，遵医嘱给予抗生素治疗。

4. 维持水、电解质平衡，鼓励病人多饮水。必要时雾化吸入，促进排痰。

5. 给予高热量、高蛋白、清淡的饮食，以补充营养和热量的消耗，口角疱疹疼痛可给予流质饮食。

6. 心理护理：给予安慰和精神支持，缓解其紧张情绪。

**病例二**

患者，男性，48 岁，某厂厂长，大学文化。因搬家劳累后出现心前区疼痛，程度剧烈，有濒死感，并向左肩放射，伴大汗，休息并含服异山梨酯 10mg，疼痛仍不缓解，急呼 120，由急救中心救护车接回。

查体：T36.9℃，P 108 次/分，R 20 次/分，BP 95/70mmHg，表情痛苦，呻吟不止。心脏听诊：心率 108 次/分，心律失常，心尖部心音低钝，各瓣膜听诊区未闻及杂音。肺与腹部无异常体征。心电图报告：广泛前壁心肌梗死。

护理问题：

1. 疼痛
2. 恐惧
3. 活动无耐力

## 讨论与思考

1. 该病人为急危重症病人，立即报告医生，做好抢救准备。

2. 快速准确进行入院评估，密切监测生命体征。

3. 该病人为心肌梗死，应绝对卧床休息，测血压时应采取平卧位，并做到四定：定部位、定体位、定时间、定血压计。

4. 病人有严重的恐惧感，做好心理安慰，测量生命体征时，应对测量结果给予恰当的解释，以缓解病人的恐惧感。

5. 遵医嘱给予药物治疗，注意用药后的反应。

**病例三**

患者，男，40 岁。在高温环境下工作 6h 后，感到全身软弱、乏力、头晕、头痛、出汗减少。检查：体温 40.8℃，面色潮红，脉搏 116 次/分，呼吸 24 次/分，入院就诊，患者住院期间突然自述心慌、胸闷，护士测脉搏发现脉率不齐，听诊心率多于脉搏。

护理诊断:

1. 体温过高
2. 恐惧
3. 活动无耐力

**讨论与思考**

1. 该患者体温40.8℃,发热程度属于高热,应密切观察体温,每4小时测量1次。

2. 乙醇擦浴物理降温后30min测量体温,以观察物理降温效果。

3. 该病人心率多于脉搏,出现脉搏短绌,应作为异常脉搏密切加强观察。在脉搏短绌出现至消失期间,每次测量脉搏均应两名护士同时测量,1人测脉搏,1人听心率,由听心率者发出"始"和"停"的口令,计数1min,记录方式为"心率/脉搏/分"。

4. 体温绘制:应将物理降温后半小时所得体温以红"○"表示,画在物理降温前温度的同一纵格内,并用红虚线与降温前温度相连,下次测得的温度仍与降温前温度相连。每次测量的心率和脉搏值在同一时间纵格栏内脉搏以红"●"表示,心率以红"○"表示。脉搏短绌开始的第一次心率与消失前的最后一次心率均与相邻脉搏用红直线相连,脉搏短绌期间相邻心率用红直线相连,在脉搏与心率两曲线间用红直线将脉搏与心率对应连接。

(李夫艳)

# 项目二 铺备用床+标本采集

【临床病例】 患者,吴某,男,50岁,因恶心、呕吐、腹痛、腹泻2d入院,诊断为"急性胃肠炎"。病人主诉腹部阵发性隐痛3h,呕吐物有酸臭味,量约300ml,粪便含有少量脓血。护理体检:病人痛苦面容,精神萎靡,体温39.5℃,粪便呈水样。医嘱:查血常规、尿常规、粪常规,给予抗生素静脉输液治疗,住院治疗10d,患者于今日出院。

【分析导入】

1. 患者为成人,神志清楚,可在入院评估时解释留取血、尿、粪便标本的目的,告知采集标本的方法和注意事项。例如尿常规主要包括尿液的颜色、透明度、有无细胞及管型、测量比重、尿蛋白及尿糖定性检测等。

2. 正确采集血常规标本,指导病人正确留取粪便标本及尿标本,及时送检标本。

3. 病人出院后,应对床单位进行终末处理。

4. 铺好备用床,以保持病室整洁,并方便接收新病人。

【用物准备】

1. 血、尿、粪便三大常规标本的采集 碘伏、止血带、弯盘、棉签、贴好标签的储血管及采血针,贴好标签的标本容器、贴好标签的检便盒(内附无菌棉签)、化验单、笔、便盆。

2. 铺备用床 床、床垫、床褥、大单、被套、棉胎、枕套、枕芯、床刷及布套。

【操作流程】

| 项目名称 | 操作流程 | 技术要求 | 人文关怀(护患沟通) | 分值 |
|---|---|---|---|---|
| 血常规标本采集(45分) | 准备 | 护士:着装规范,举止端庄、大方,洗手、戴口罩 | | 5 |
| | 问候<br>核对<br>评估<br>解释 | 携用物至床旁,问候病人,核对床号、姓名、检查项目粘贴检验单,附联贴于标本容器上;询问、了解患者饮水、进食情况,是否用过抗生素,评估有无影响采血的因素,向患者解释抽血目的,取得同意和配合 | 先生:请问您叫什么名字?您吃过饭了没有?喝水了吗<br>根据医嘱要给您抽点血送去化验,帮助了解您的病情 | 5 |
| | 准备环境<br>病人 | 环境清洁、安静、温度适宜、光线充足<br>协助患者取舒适体位,在穿刺手臂的下方垫治疗巾 | | 5 |
| | 选择静脉<br>扎止血带<br>消毒 | 一般选择贵要静脉、正中静脉、头静脉<br>距穿刺部位上方约6cm处扎止血带<br>常规消毒、待干 | 吴先生:我来看一下您肘部的血管好吗<br>这根血管不错,就选择这里进针好吗 | 10 |
| | 穿刺取血 | 嘱患者握拳,按静脉注射方法将采血针头刺入静脉,见回血后,另一端与储血管相连,抽血至所需量,松开止血带,嘱患者松拳,以干棉签按压穿刺点,迅速将针头拔出 | 吴先生:请握拳,好了,请松拳 | 10 |
| | 整理嘱咐 | 再次核对无误<br>协助患者取舒适卧位,整理床单位<br>嘱咐患者按压穿刺部位至不出血为止<br>整理用物,分类处理 | 吴先生:请屈肘按压3~5min,直至不出血为止<br>我帮您调整一下卧位好吗 | 5 |
| | 感谢记录<br>送检 | 感谢患者及家属配合<br>洗手,记录并签名;标本及时送检 | 谢谢您的配合 | 5 |
| 尿常规标本的采集(30分) | 检查核对 | 查对医嘱,贴检验单附联于标本容器上<br>携用物至床旁,核对病人并向其解释留尿标本的目的和方法 | 吴先生:根据医嘱您需要留尿做检查,以帮助诊断 | 5 |
| | 标本采集 | 收集尿液标本<br>1. 可下床活动的病人,请其至厕所解尿,留取30ml左右的尿液于容器内(测尿比重需100ml)<br>2. 行动不便的病人,协助在床上使用便盆或尿壶,收取足量尿液于标本容器中<br>3. 留置导尿的病人,于集尿袋下方引流孔处打开橡胶塞收集尿液 | | 15 |
| | 送检 | 洗手,送检 | | 5 |
| | 记录 | 记录 | | 5 |

（续　表）

| 项目名称 | 操作流程 | 技术要求 | 人文关怀(护患沟通) | 分值 |
| --- | --- | --- | --- | --- |
| 粪便常规标本的采集(25分) | 检查核对 | 查对医嘱,贴检验单附联于检便盒上,携用物至床旁核对病人姓名,解释目的和收集粪便的方法 | 先生您好:请问您叫什么名字? 根据医嘱,您需要留取一点粪便,以便确诊 | 5 |
| | 标本采集 | 屏风遮挡,请病人排空膀胱,解便于清洁便盆内<br>收集粪便标本:用检便匙取中央部分或黏液脓血部分约5g置于检便盒内,水样便应盛于容器中送检 | 排便时注意先排净尿液。留取粪便时,要取中间的或脓血部分好吗 | 10 |
| | 送检 | 洗手,送检 | | 5 |
| | 记录 | 记录 | | 5 |
| 病人痊愈出院;请按出院程序进行终末处理并铺好备用床 | | | | |
| 铺备用床(100分) | 准备 | 护士:着装规范、举止端庄,洗手、戴口罩<br>环境:病室清洁、通风,无治疗和病人进餐<br>用物:床、床垫、床褥、大单、被套、棉胎、枕套、枕芯、床刷及布套 | | 10 |
| | 移桌翻垫 | 1. 检查床、床垫<br>2. 移床旁桌距床约20cm,移椅距床尾正中15cm<br>3. 用物按使用顺序置于床尾椅上或治疗车上,方便拿取<br>4. 翻转床垫,从床头到床尾清扫床垫,将床褥平铺于床垫上 | | 10 |
| | 铺大单 | 1. 展开大单:将大单中缝对齐床中线,分别向床头、床尾散开<br>2. 铺床头角:右手将床头的床垫托起,左手伸过床头中线将大单塞入床垫下,在距床头30cm处向上提起大单边缘,使其同床边垂直,呈一等边三角形,以床缘为界将三角形分为两半,上半三角覆盖于床上,下半三角平整地塞于床垫下。再将上半三角翻下塞于床垫下,使之成为一斜角(图1-4);也可将上半三角形底边直角部分拉出,拉出部分的边缘与地面垂直,将拉出部分塞于垫下,使之成一直角<br>3. 铺床尾角:左手将床尾的床垫托起,右手伸过床尾中线将大单塞于床垫下,同铺床头角法铺好床尾角<br>4. 铺床中部:两手将大单中部拉紧,平塞于床垫下(双手掌心向上)(图1-5)<br>5. 铺好对侧:转至对侧以同法铺好大单 | | 30 |

（续　表）

| 项目名称 | 操作流程 | 技术要求 | 人文关怀(护患沟通) | 分值 |
|---|---|---|---|---|
| 铺备用床(100 分) | 套被套(图 1-6) | 1. 展开被套:“S”形,被套正面向外;卷筒式,被套正面向内,封口端齐床头<br>2. 铺展棉胎:(“S”形)将床尾被套开口端上层打开至 1/3 处,将折好的棉胎放于开口处,拉棉胎上缘至被套封口处,再将竖折的棉胎两边打开和被套平齐,对好两上角,扯平、系带(图 1-6);(卷筒式)将棉胎平铺于被套上,上缘与被套封口边对齐,将棉胎与被套一并从床头卷至床尾或从床尾卷至床头,自开口处翻转、扯平、系带<br>3. 折叠被筒:盖被上缘与床头平齐,边缘向内折成被筒状,尾端齐床尾,转至对侧同法铺好另一侧盖被 | | 30 |
| | 套枕套 | 将枕套套于枕芯上,四角充实,轻拍枕芯,系带,平放于床头,枕套开口处背门 | | 10 |
| | 桌椅归位 | 移回床旁桌椅,洗手 | | 10 |

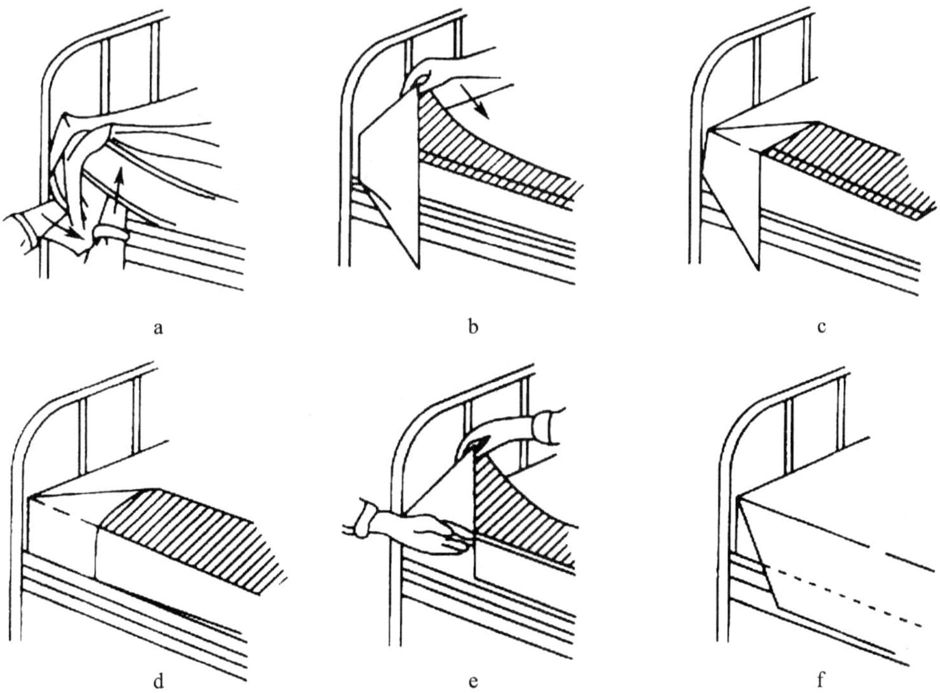


图 1-4　铺床角法

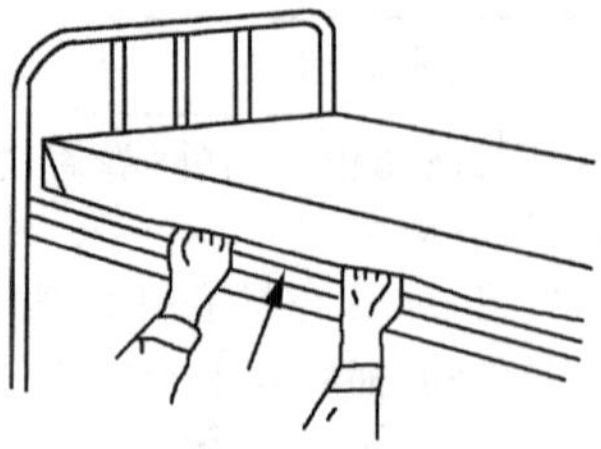

图 1-5 铺床中部

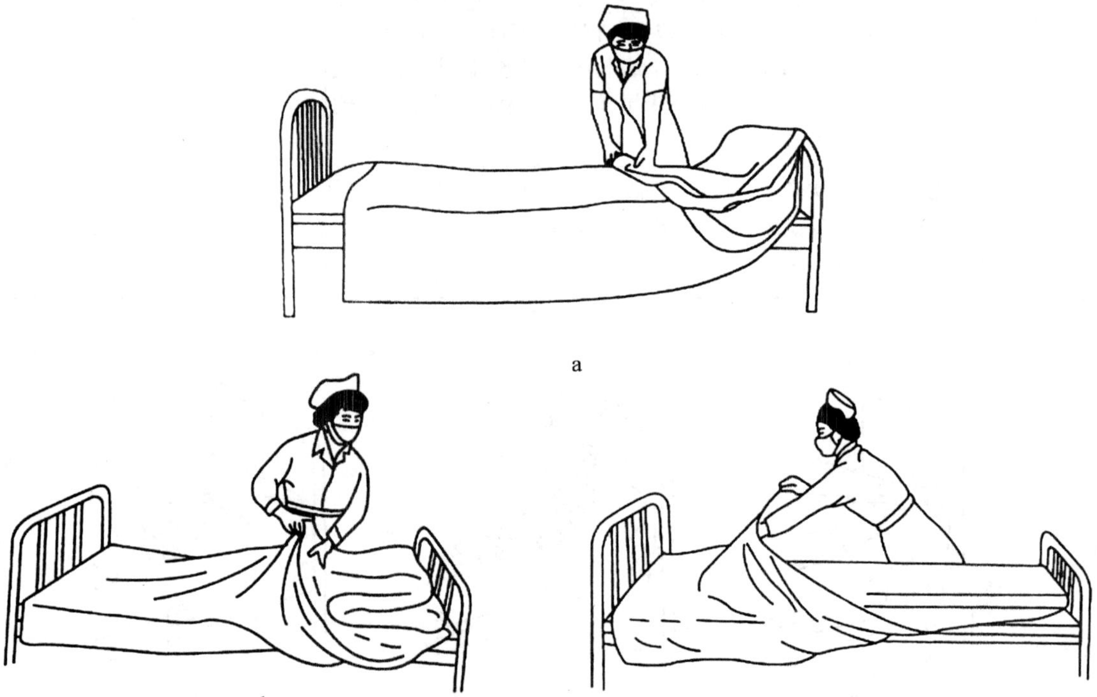

a

b

c

图 1-6 “S”式套被套法

【相关病例讨论】

**病例一**

患者，女，21 岁，因寒战、高热，右胸痛就诊，诊断为“大叶性肺炎”。经住院治疗后病人痊愈出院。护士应如何整理床单位？

**讨论与思考**

1. 病人已出院，病区护士应撤去床上的污被服，更换清洁被服，铺成备用床，准备迎接新病人。

2. 铺床时无治疗和病人进餐。

3. 床单位是病人住院期间的基本活动单位，病人的大多数时间都是在床上活动。因此，备好的床单位应整洁、实用、耐用、舒适、安全。

4. 床单位的设置要完整,固定设备有床、床垫、床褥、枕芯、棉胎或毛毯、大单、被套、枕套、床旁桌、床旁椅,墙壁上有照明灯、呼叫装置、供氧和负压吸引管道等设施。

**病例二**

患者,女,40 岁,突然发冷、高热、伴腰痛,尿频、尿急、尿痛。肾区有压痛及叩击痛。体温 40℃,尿蛋白(+)。镜检:白细胞成堆,白细胞管型可见,肾功能正常,中段尿培养有大肠埃希菌,菌落计数>$10^9$/ml。

护理问题:

1. 体温过高
2. 疼痛
3. 排尿形态紊乱

## 讨论与思考

1. 密切观察病人排尿情况。
2. 解释尿标本采集的目的、注意事项;指导病人正确留取尿标本。
3. 恰当解释尿标本的检验结果。
4. 健康教育:向病人讲解疾病知识、药物不良反应及预防措施;嘱咐定期复查尿检。

**病例三**

患者,女,25 岁,患糖尿病 12 年,一直注射胰岛素治疗。近半个月因与男友不和,情绪不佳,停用胰岛素;3d 来食欲缺乏、恶心呕吐,多尿,烦躁,逐步昏迷,血压 90/60mmHg,呼吸 40 次/分,昏迷状态,皮肤干燥,双眼球下凹,心率 100 次/分,尿糖(++++),尿酮体阳性,血糖 25. 5mmol/L(460mg/dl),血 pH7. 30。

护理问题:

1. 急性意识障碍
2. 体液不足
3. 潜在并发症:酸中毒(代谢性)

## 讨论与思考

1. 监测生命体征,密切观察病情变化。
2. 遵医嘱正确采集、送检血标本;教会患者或家属正确测量血糖、尿糖。
3. 及时发现并发症,并做好抢救准备。
4. 健康教育:包括糖尿病以及并发症的预防、治疗、护理等知识。

**病例四**

患者,男,21 岁,某酒店餐饮部主任,因高热、食欲缺乏、腹部不适、乏力 1 周入院。1 周前开始发热,午后高达 40~41℃,伴腹痛、腹胀、腹泻,无恶心、呕吐,不思饮食,全身乏力,曾按上感治疗,用药不详。入院检查:T 40. 5℃,P 88 次/分,R 28 次/分,神清、表情淡漠,消瘦,右胸前皮肤有数个淡红色皮疹,压之褪色。心肺未见异常,肝肋下 1. 5cm,剑突下 2cm,质软,有轻度触痛,脾肋下 2cm。入院时血培养阴性,肥达反应结果:T0 1:160,TH 1:80,PA 1:20,PB 1:20,入院后第 7 天医嘱再复查血常规和粪便常规。

护理问题：

1. 体温过高
2. 腹泻
3. 活动无耐力

## 讨论与思考

1. 一般血培养采集血标本5ml。亚急性细菌性心内膜炎患者，为提高细菌培养阳性率，采血量增至10~15ml。

2. 高热病人，宜采取物理降温或药物降温，密切观察降温效果。

3. 伤寒为肠道传染病，应安置在传染病房，并严格执行床边隔离。

4. 遵医嘱指导病人留取和送检粪便常规标本，必要时留取培养标本。

5. 补充营养、水分和电解质，预防体液不足和电解质紊乱。

6. 病人出院后，应按传染病人进行终末处理，并铺好备用床。

（李夫艳）

# 第2章

# 急救护理技能

**学习要点**

急救最基本的目的是挽救生命。为提高院外或院内抢救的成功率,护士必须学会观察病情,做出判断,正确实施抢救。常用的抢救技术如心肺复苏、静脉输液、止血包扎、氧气吸入、洗胃、吸痰等。

## 项目三 心肺复苏+静脉输液(留置针)

【临床病例】 患者,男,66岁,因上呼吸道感染、咳嗽10余天,在家口服抗病毒冲剂和急支糖浆,症状无明显改善,遂到医院就诊。查体:咽部充血严重,双肺呼吸音增粗,医嘱:5%葡萄糖氯化钠250ml+青霉素320万U静脉滴注,连续3d。在首次输液过程中,病人突然出现意识丧失,呼之不应,心跳呼吸停止。

【分析导入】

1. 患者为老年人,但无慢性心肺疾病。

2. 上呼吸道感染医嘱静脉滴注青霉素,先做皮内注射,皮试结果阴性才能使用。

3. 患者年龄偏大,血管弹性差,输液天数长,为减轻患者穿刺带来的痛苦,可选择留置针静脉输液。

4. 该患者是老年人,输液速度宜慢,交代患者和家属不能自行调节滴速。输液期间加强巡视,早发现输液不良反应,早处理。

5. 输液过程中突然出现意识丧失,呼之不应,心跳呼吸停止,初步判断为过敏性休克严重状态,立即启动心肺复苏。

【用物准备】

1. 静脉输液(留置针) 皮肤消毒液、无菌棉签、输液器、留置针(图2-1)、透明敷贴、遵医嘱备药液、止血带、治疗巾、小垫枕、弯盘、输液单(卡)、瓶贴、输液架、洗手液。

2. 心肺复苏 治疗车、治疗盘、纱布、弯盘、血压计、听诊器、手电筒、抢救记录卡、洗手液。

【操作流程】

| 项目名称 | 操作流程 | 技术要求 | 人文关怀(护患沟通) | 分值 |
|---|---|---|---|---|
| 静脉输液(100分) | 准备药液 | 核对医嘱、输液单(卡)和瓶贴<br>核对药液标签,检查药液质量,贴瓶贴<br>启瓶盖,常规消毒,根据医嘱加入药液<br>检查一次性输液器,将输液器针头插入瓶塞至针头根部 | | 5 |
| | 核对、解释、评估 | 备齐用物至患者床旁,核对患者床号、姓名,查看腕带<br>解释输液目的、配合方法,取得患者同意和配合<br>评估患者身体状况、穿刺部位皮肤、血管、用药等情况 | 您好,我是您今天的治疗护士××,请问您的床号和姓名? 让我看一下您的腕带<br>由于病情需要,医生给您开了青霉素,抗感染的,您能配合我吗?<br>您想输哪只手? 好,让我看一下。皮肤是好的,血管也不错。输液前需要使用便器吗 | 10 |
| | 首次排气,准备留置针 | 关闭调节器,旋紧头皮针连接处,将输液瓶挂于输液架上,排气(首次排气不滴出药液)(图 2-2)<br>取出静脉留置针,把输液器上的头皮针插入肝素帽内,妥善放置 | | 5 |
| | 皮肤消毒 | 患者取舒适体位,垫小垫枕和治疗巾<br>首次消毒皮肤<br>穿刺点上方 10cm 扎止血带<br>二次消毒皮肤 | 您就这个体位输液吗? 给您垫个小枕<br>现在给您手消毒,消过毒以后就不要动了,好吗? 给您扎止血带,可能会有点紧,这样会使血管充盈一些,一会儿就好<br>我们再消毒一次 | 10 |
| | 静脉穿刺 | 取下留置针针套,旋转针芯,松动外套管,调节针头斜面,行静脉穿刺(角度 15°~30°)(图 2-3),见回血后,平行进针 0.2cm<br>固定留置针后撤出针芯 0.5cm(图 2-4),将外套管送入静脉,再安全撤出针芯 | 能再次告诉我您的床号和姓名吗<br>请轻轻握拳<br>穿刺很成功,您配合得很好 | 20 |
| | 固定针头、调节滴速 | 穿刺成功后,“三松”<br>待溶液滴入通畅后用无菌透明敷贴固定,并注明穿刺时间(图 2-5) | 请轻轻松拳<br>溶液是通畅的,有什么不舒服吗? 我给您固定了,固定好以后手活动的时候慢点,当心针头脱落 | 20 |

（续　表）

| 项目名称 | 操作流程 | 技术要求 | 人文关怀（护患沟通） | 分值 |
|---|---|---|---|---|
| 静脉输液（100 分） | | 根据患者年龄、病情和药物性质调节滴速 | 滴速给您调好了，请您和家人不要随意调节好吗 | |
| | 核对、记录 | 再次核对<br>洗手，记录输液卡（单） | 您是×床××吧 | 5 |
| | 整理、嘱咐 | 安置患者舒适体位，放呼叫器于易取处，整理用物<br>告知注意事项 | 这个体位还舒适吧？呼叫器放在您枕边了，在输液过程中如果出现液体不滴、输液部位肿胀，或者您感到心慌不适的话一定要及时叫我，我也会经常来看您的，谢谢您的配合，您好好休息 | 5 |
| 患者输液 10min 后出现意识丧失，呼之不应。立即行心肺复苏 | | | | |
| 心肺复苏（100 分） | 判断 | 判断意识、呼吸，摸大动脉搏动（图 2-6） | 您怎么啦？能听见我说话吗 | 5 |
| | 呼救 | 紧急呼救：确认患者意识丧失，立即呼救 | 快来人呀！推抢救车，拿 AED，×床紧急抢救 | 5 |
| | 安置体位 | 去枕，仰卧位，头、颈、躯干平直，双手放于身体两侧 | | 5 |
| | 心脏按压 | 站于患者右侧，解开衣服和腰带，暴露胸腹部<br>按压部位胸骨中下 1/3 交界处或两乳头连线与胸骨的交汇处<br>两手掌根重叠，手指翘起不接触胸壁，腕、肘、肩与胸壁垂直，用力向下按压<br>按压深度：胸骨下陷至少 5cm<br>按压频率≥100 次/分 | | 20 |
| | 开放气道 | 检查口腔，清除口腔分泌物，有活动义齿的应取下<br>判断颈部有无损伤，根据情况采取合适的开放气道方法（图 2-7） | | 20 |
| | 人工呼吸（图 2-8） | 捏住患者鼻子，正常吸一口气，用口唇包住患者口周，用力吹气，直至胸廓抬起<br>吹气毕，观察胸廓情况，连续 2 次<br>按压与人工呼吸比：30∶2 | | 20 |

（续　表）

| 项目名称 | 操作流程 | 技术要求 | 人文关怀(护患沟通) | 分值 |
|---|---|---|---|---|
| 心肺复苏(100分) | 判断复苏效果 | 操作5个循环后判断复苏效果<br>摸颈动脉，测量血压，判断呼吸<br>观察瞳孔大小及反射<br>观察面色、皮肤口唇和甲床颜色 | | 20 |
| | 整理记录 | 整理患者衣服及用物 | 您醒了，不要紧张，医生和护士都在您的身旁，您的家人也陪伴在您的身边 | 5 |
| 经过积极抢救，病人病情稳定，现输液完毕，留置针封管处理 | | | | |
| 停止输液(20分) | 封管 | 输液完毕，关闭调节器，将输液器的头皮针从留置针肝素帽中拔出，消毒肝素帽，用注射器向肝素帽内注入3~5ml肝素液(图2-9)<br>用敷贴妥善固定留置针延长管和肝素帽(图2-10)<br>协助患者取舒适体位，整理床单位，用物分类处理 | 您好，请告诉我您的床号和姓名<br>我核对过了，今天的液体已经全部输完了，我来给您封管。封管就是将针头保留在这里，明天输液时就不用重新穿刺了 | 15 |
| | 记录、嘱咐 | 洗手，记录输液情况<br>交代留置针保留的注意事项 | 您好，留置针要在您体内保留几天，要注意保持这个部位清洁干燥；不输液时肢体尽量避免下垂或用力过猛，以免造成回血堵塞导管<br>谢谢您今天的配合，您好好休息 | 5 |

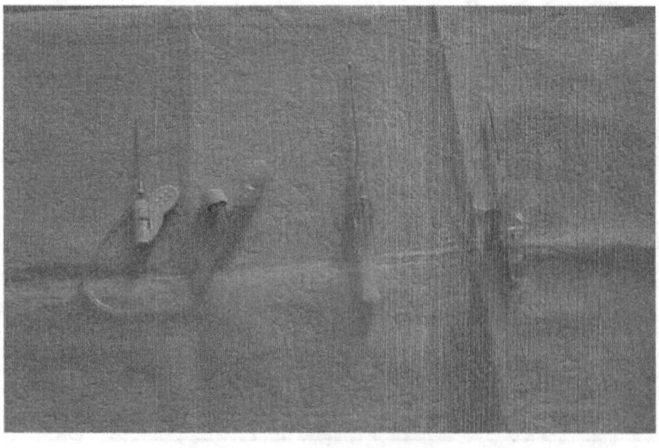

图 2-1　各种静脉留置针

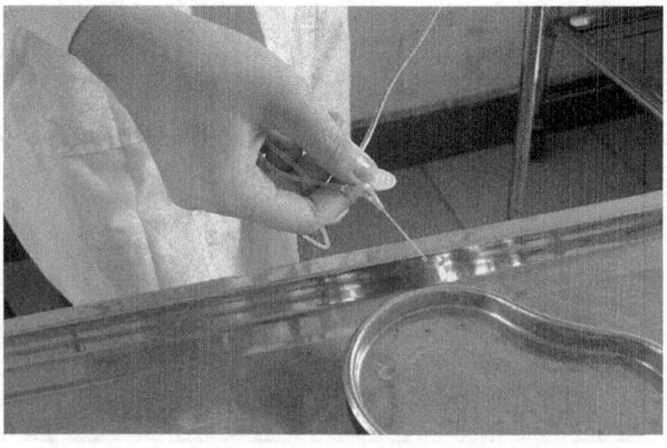

图 2-2　穿刺前排净留置针内空气

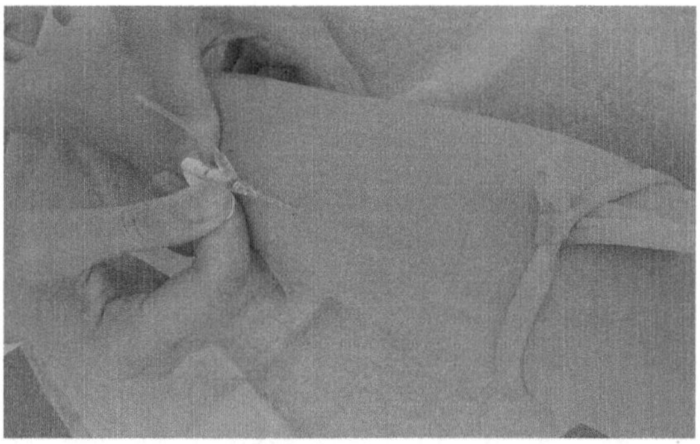

图 2-3　与皮肤成 15°～30°进针

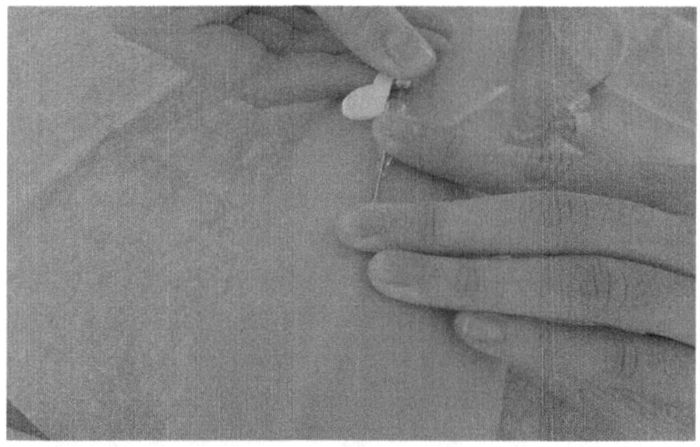

图 2-4　撤出针芯

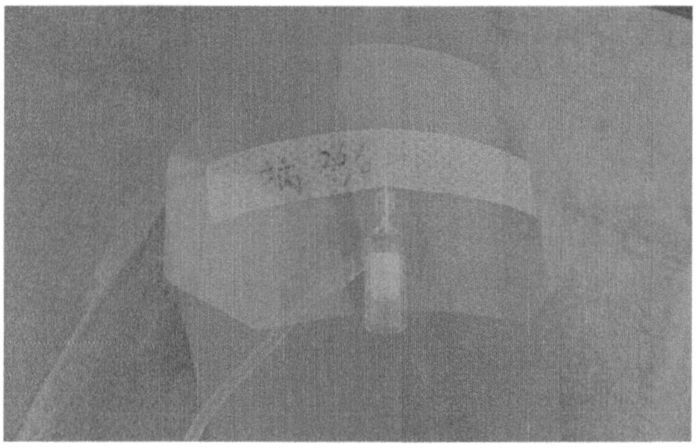

图 2-5　用无菌透明贴膜固定,注明穿刺时间

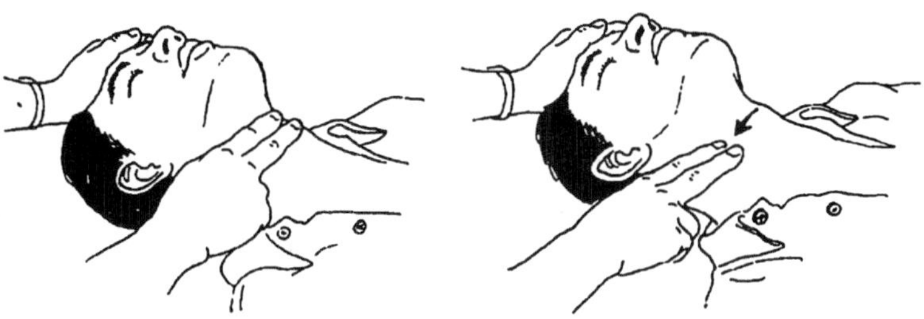

图 2-6　检查脉搏

图 2-7　仰头提颏法

图 2-8　人工呼吸

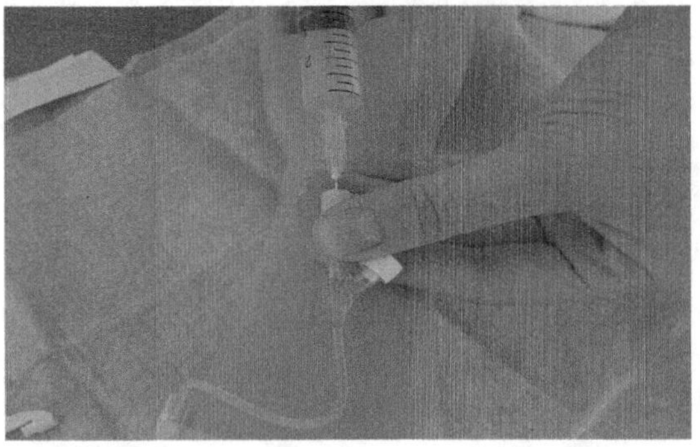

图 2-9 输液毕向肝素帽内注入 3～5ml 肝素溶液，封管

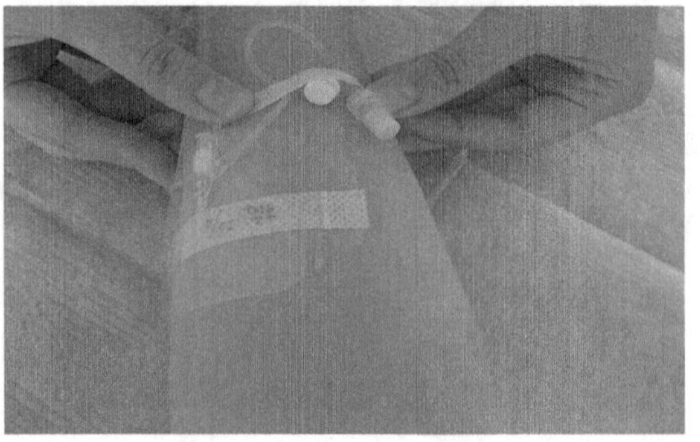

图 2-10 用胶布将留置针延长管和肝素帽固定，留置

【相关病例讨论】

**病例一**

张女士，45 岁，支气管哮喘病史 10 余年。因感冒"支气管哮喘急性发作"入院。输液中家属私自将输液滴速由每分钟 20 滴调至每分钟 60 滴，1h 后病人出现气促、咳嗽加剧，咳粉红色泡沫痰。检查：心率 120 次/分，两肺闻及湿啰音。

护理问题：

1. 体液过多
2. 气体交换受损
3. 知识缺乏

## 讨论与思考

1. 该病人在输液 1h 后出现"气促、咳嗽加剧，咳粉红色泡沫痰"，此状况是因输液过快所致的"急性肺水肿"。

2. 该病人患慢性支气管哮喘十余年，心肺功能不好，输液时速度要慢，要特别交代病人和家属，不能擅自调节输液速度。

3. 发生急性肺水肿时应及时采取下列护理措施

(1) 立即停止输液，安慰病人，通知医生，紧急处理。

(2) 协助病人取端坐位，两腿下垂，必要时进行四肢轮扎。

(3) 给予氧气吸入，氧气需通过 20%～30% 的乙醇湿化。

(4) 按医嘱给予镇静、平喘、强心、利尿、扩血管药物等治疗。

**病例二**

李先生，50 岁，高血压病史 10 年。因与邻居发生争吵，情绪激动，回家后突然感到烦躁不安，频繁呕吐，呈喷射状，被家人急诊送入医院。入院后按医嘱给予静脉输液，其中用"50% 葡萄糖 50ml 静脉注射与 20% 甘露醇 250ml 快速滴入，q4h 交替使用"。

护理问题：

1. 急性意识障碍
2. 潜在并发症：窒息

3. 知识缺乏

### 讨论与思考

1. 该患者有高血压病史,需要保持情绪稳定。

2. 颅内出血不宜搬动病人,平卧,头偏向一侧,防止呕吐窒息。

3. 50%葡萄糖与20%甘露醇都属于高渗溶液,长期使用容易发生静脉炎,药液漏在血管外,还可造成局部组织坏死。可先用抽有少量生理盐水的注射器接头皮针行静脉穿刺,确保针头在血管内方可输入药液,如注射部位出现肿胀、疼痛应立即拔针,重新更换部位穿刺,局部给予硫酸镁湿热敷。

4. 脱水药需快速输入。25%甘露醇 250ml 30min 内输完。

**病例三**

医院走廊上,您突然发现一成人患者晕倒。您该怎样做? AED 您会使用吗?

护理问题:

急性意识障碍

### 讨论与思考

1. 只要病人突然意识消失、大动脉搏动消失、呼吸停止即可诊断心搏骤停,应启动心肺复苏程序。

2. 大脑缺血缺氧超过 4~6min 即可发生不可逆的损害,医院走廊环境安全,地面平坦,应就地抢救。

3. 如患者并非处于仰卧位,应翻转患者使其仰卧。

4. 轻拍患者肩部,并大声呼唤"您怎么了",确认患者不清醒时,应立即通知急救组和取 AED。

5. 您应立即按单人成人心肺复苏程序进行心肺复苏,当第二名施救者到达时,两名施救者应当轮流进行胸外按压与人工呼吸,30∶2为一周期,每进行 5 个周期的心肺复苏(大约 2min)后交换一次。

6. 在病区,有第三名施救者到达,可帮助使用气囊面罩给予呼吸,也可参与轮流进行胸外按压。交换应在 5s 内完成。

7. 除颤越早,患者成活率就越高(成活率以每分钟 7%~10%的比例下降);当心室颤动时,心肺复苏可为心脏和脑提供少量血液,但不能恢复规律的心律;要恢复灌注性心律,需要在初次骤停后的几分钟内立即进行心肺复苏和除颤。

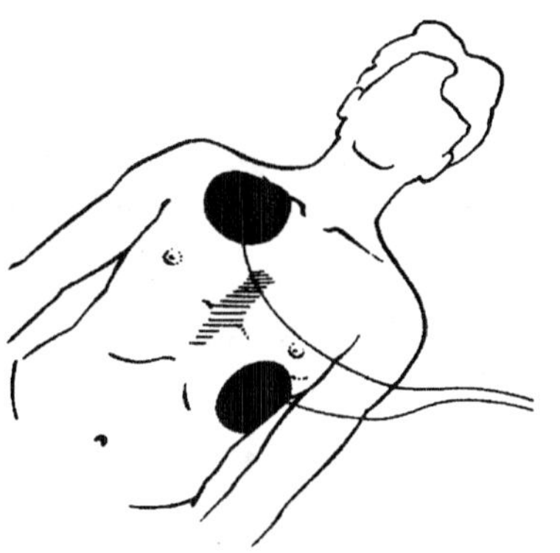

图 2-11　电击片位置

8. 一旦 AED 到达,应尽快除颤。操作步骤如下。

(1) 开启 AED:打开 AED 盖子,打开电源开关;自动启动语音提示,指导后续的所有步骤。

(2) 将电极片贴到患者裸露的胸部(图 2-11):一个位于裸胸右上方,胸骨右缘、锁骨正下方,另一个置于乳头的左侧、左腋下几厘米处。

(3)离开患者,分析心律:自动分析过程中不可接触患者。

(4)电击:如AED分析结果为建议电击,则确保无人接触患者后按下“SHOCK”电击按钮。

(5)电击后,立即开始胸外按压,以进行心肺复苏。

(6)进行了2min的心肺复苏后,ADE将提示您再次离开患者,分析心律;告诉您是否需要再次电击。

**病例四**

您在游泳池游泳时,发现工作人员从游泳池捞起一位3岁小孩,他软弱无力,不省人事。

护理问题:

1. 清理呼吸道无效
2. 心搏骤停

### 讨论与思考

1. 首先确认小孩处于不清醒状态。
2. 有工作人员在场,嘱其打急救电话和取自动除颤器。
3. 立即按单人心肺复苏程序进行心肺复苏。

(曾建平)

## 项目四 止血包扎+静脉输血+氧气吸入

【临床病例】 李菊,女,50岁,农民,在赶集途中不慎跌入路旁深沟,右上肢肘关节处皮肤破裂,鲜血直流,急诊送入医院就诊。查伤口大量出血,神色慌乱,血压90/64mmHg,X线检查无骨折。

【分析导入】

1. 该患者急诊入院,经“一问、二看、三检查、四分诊”,需紧急止血。
2. 根据伤口大小、污染程度,进行清创缝合。
3. 伤口在肘关节处,包扎固定应考虑关节部位的功能位。
4. 伤口出血量大,密切观察血压变化,遵医嘱补充血容量,必要时输血。
5. 该患者精神紧张,应注意健康宣教,使其配合。

【用物准备】

1. 止血包扎 清创缝合无菌盘内有弯盘、治疗碗、纱布、棉球、消毒溶液、生理盐水、手套、镊子、剪刀、缝针、缝线等,另备止血带、绷带。

2. 静脉输血 一次性输血器一套。其他同密闭式周围静脉输液法。

3. 氧气吸入 氧气筒及氧气表、扳手。治疗盘内置一次性吸氧导管、棉签、弯盘、治疗碗内盛冷蒸馏水、氧气记录单、笔、医疗垃圾桶、生活垃圾桶。

【操作流程】

| 项目名称 | 操作流程 | 技术要求 | 人文关怀(护患沟通) | 分值 |
|---|---|---|---|---|
| 止血包扎(100)分 | 问候、核对评估、解释 | 在清创室进行。问候、核对病人,评估全身及受伤局部情况。解释止血、缝合、包扎的目的、操作过程、带来的不适及配合 | 阿姨,您好,请问您叫什么名字<br>我需要给伤口清创缝合,术中可能有点痛,我会用麻药,有什么不适,请告诉我,您放松 | 5 |
| | 体位 | 取舒适卧位,暴露出血伤口,妥善固定 | 这样舒适吗?请您坚持一会儿,不要乱动 | 10 |
| | 止血 | 打开清创缝合无菌盘,洗手、戴手套<br>先消毒伤口周围皮肤,然后用生理盐水清洗伤口,局麻下进行伤口缝合 | 有点痛是吗?我给您注射麻药,忍耐一下,很快就不痛了 | 30 |
| | 包扎 | 敷料固定后用绷带“8”字形包扎(图 2-12) | 感觉过紧吗 | 20 |
| | 固定 | 避免关节活动影响伤口愈合,带来疼痛,用绷带悬挂上肢使其处于功能位(图 2-13) | 我用绷带把您上肢固定在胸前,这样可以避免关节活动,减少伤口疼痛,促进愈合,您要保持这个位置 | 20 |
| | 整理嘱托 | 整理用物,分类处理<br>遵医嘱使用破伤风抗毒素、抗生素等<br>指导换药及拆线时间,交代注意事项 | 如果您感觉肢体麻木、肿胀、疼痛等不适,随时告诉我们;一会还要输液、打针,你先休息 | 10 |
| | 洗手记录 | 洗手后,做好记录 | | 5 |
| 患者出血量多,血压下降,遵医嘱立即静脉输血 | | | | |
| 静脉输血(100 分) | 核对解释 | 携用物到床旁,核对患者床号、姓名,查看腕带,询问病人血型、输血史,向病人解释输血的目的、注意事项 | 阿姨,请告诉我您的床号和姓名?由于您出血太多,需要给您输血,您以前输过血吗,知道自己什么血型吗<br>我们已经给您做好了输血前的准备,现在开始好吗?能配合我吗 | 10 |
| | 输入液体 | 按密闭式静脉输液法,穿刺成功后,输入少量生理盐水 | 同密闭式静脉输液法 | 30 |
| | 再次核对 | 两名护士再次进行“三查八对” | | 10 |
| | 输入血液 | 轻轻摇匀血液,打开输血袋封口,常规消毒开口处塑料管,将输液器针头从输液瓶上拔下,垂直插入血袋塑料管内,将血袋倒挂于输液架上 | 阿姨,血袋给您挂上了,滴速也调好了,手要保持这个姿势,不能乱动 | 20 |

（续 表）

| 项目名称 | 操作流程 | 技术要求 | 人文关怀(护患沟通) | 分值 |
|---|---|---|---|---|
| 静脉输血(100分) | 调速观察 | 开始速度宜慢,15min内小于20滴/分,无不良反应,按病情调至40~60滴/分<br>再次核对血型,观察病情变化,注意有无输血反应,交代注意事项,呼叫器置于易取处 | 有什么不适吗<br>我给您稍调快点,您不要随意动它,有什么不适请按呼叫器,我给您放这儿了 | 10 |
| 病人呼吸困难,面色发绀,立即氧气吸入 | | | | |
| 氧气吸入(100分) | 问候核对 | 携带用物至床旁,问候并询问病人姓名、床号 | 阿姨,您好,请问您的床号和姓名？请让我看一下您的腕带 | 5 |
| | 评估解释 | 病人病情、意识、缺氧程度、鼻腔情况、合作程度、有无吸氧的经历<br>解释吸氧目的、操作中的配合方法 | 您呼吸有些吃力是吧？这是缺氧的表现,我遵医嘱来给您吸氧,能配合我吗？我需要检查一下您的鼻腔 | 10 |
| | 准备环境、病人 | 环境安静整洁,光线充足,安全(氧气筒距明火5m,暖气1m),温度适宜;病人取舒适体位,方便操作 | 这个体位舒适吗 | 5 |
| | 装表连接 | 开总开关1/4周吹尘后关闭。装氧气表使氧气表垂直于地面<br>接湿化瓶,开总开关和流量开关,检查通畅无漏气后关流量开关,洗手 | 我要为氧气筒吹尘了,声音有点大,您不用担心没吓着您吧 | 15 |
| | 清洁鼻腔 | 用湿棉签清洁鼻腔2次 | 我来清洗您的鼻腔,力度合适吗？再来一次 | 5 |
| | 调节流量 | 取出鼻导管并连接,开流量开关,调节流量,放入水中湿润、检查氧导管是否通畅 | 鼻导管是通畅的,我马上就要插管了 | 10 |
| | 插管固定 | 将氧气导管轻轻插入病人鼻腔,将连接管绕过双耳到颈前部固定(图2-14) | 松紧合适吗 | 10 |
| | 检查观察 | 再次检查氧流量及用氧装置。密切观察病人反应和缺氧症状是否得到改善 | 有什么不适吗<br>这个体位舒适吗 | 10 |
| | 整理嘱托 | 协助病人取舒适卧位,整理用物及床单位<br>交代病人及家属应注意的事项<br>感谢病人的合作<br>洗手、记录 | 氧流量调好了,您和家人不要随意动它<br>不要在病室内吸烟,不能使用明火<br>带油的手不要触摸这个流量表<br>您清楚了吗？谢谢您的配合 | 10 |

（续　表）

| 项目名称 | 操作流程 | 技术要求 | 人文关怀（护患沟通） | 分值 |
|---|---|---|---|---|
| 停止输血（20 分） | 输血完毕 | 输血完毕，更换生理盐水继续输入，将输液器内的血液全部输入体内；拔针 | 阿姨，血液输完了，现在需要再输点生理盐水保证输液器里的血液全部输入，之后就可以拔针了（同静脉输液） | 15 |
| | 整理记录 | 整理用物和床单位，病人取舒适体位。医疗垃圾分类处理，洗手，做好输血记录 | | 5 |
| 停止输氧（20 分） | 解释停氧 | 病人缺氧症状改善，遵医嘱停氧<br>向病人解释因病情需要而停用氧气<br>取下鼻导管，擦净病人面部分泌物，关流量开关→关总开关→再开流量开关，放净余气→关好流量开关 | 阿姨，您现在看起来面色红润多了，呼吸也平稳了，现在我遵医嘱来给您停氧，请您配合我好吗 | 10 |
| | 卸表记录 | 卸下湿化瓶，放入医疗垃圾筒，卸下氧气表<br>协助病人取舒适卧位，整理用物及床单位<br>感谢病人的合作<br>洗手、记录 | 这个体位还舒适吗<br>感谢您的配合，您好好休息 | 10 |

图 2-12　“8”字包扎法

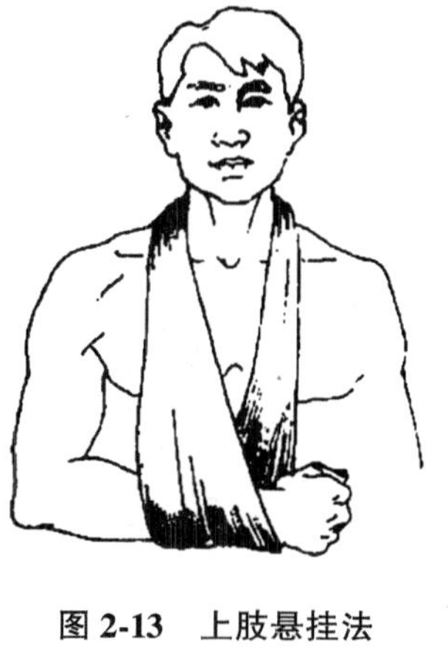

图 2-13　上肢悬挂法

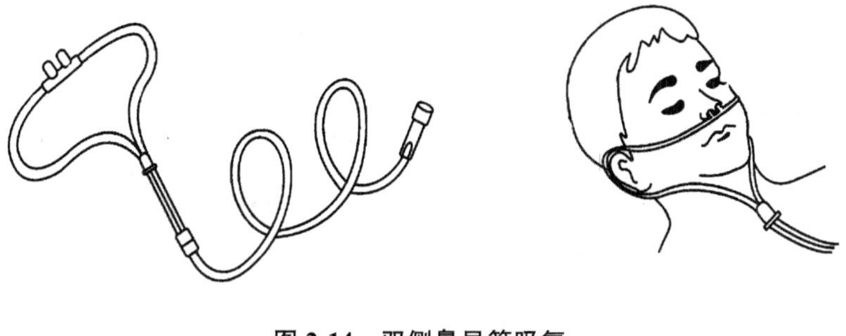

图 2-14　双侧鼻导管吸氧

【相关病例讨论】

**病例一**

王丽,40 岁,工人,上班时不慎将上肢伸入机器内造成腕关节远端严重损坏,大量出血,现场无止血带。

护理问题:

1. 体液不足
2. 疼痛
3. 恐惧

## 讨论与思考

1. 该患者需要紧急止血,在没有获得任何止血用具前应紧急采取指压止血法止血。该患者为前臂手部出血,用手指或手掌在上臂中部或下部用力压迫肱动脉暂时止血(图 2-15)。

2. 尽快获得一布带,用绞带止血法(图 2-16)替代指压止血。在上臂下端用布带绕肢体一周后打一活结,用一小木棒穿进活结,转动木棒绞紧,再将小木棒一端插入活结套内固定;需要放松时,取下小木棒。

3. 绞带止血部位不宜选在前臂,前臂有尺、桡骨,止血效果不好,也不宜选在上臂中 1/3,容易损伤桡神经。

4. 注意观察远端肢体血液循环情况,缚扎时间越短越好,连续阻断血流时间不超过 1h,如连续结扎,每 1h 放松 2~3min,放松期间用指压法止血,放松绞带应缓慢。

5. 尽快送有条件的医院处理。

6. 镇痛和心理安慰。

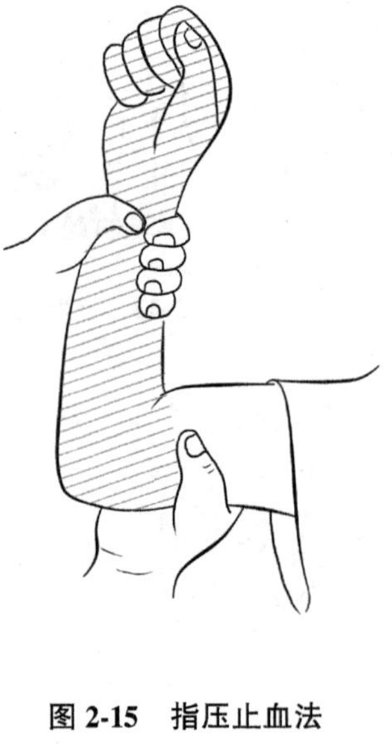

**图 2-15 指压止血法**

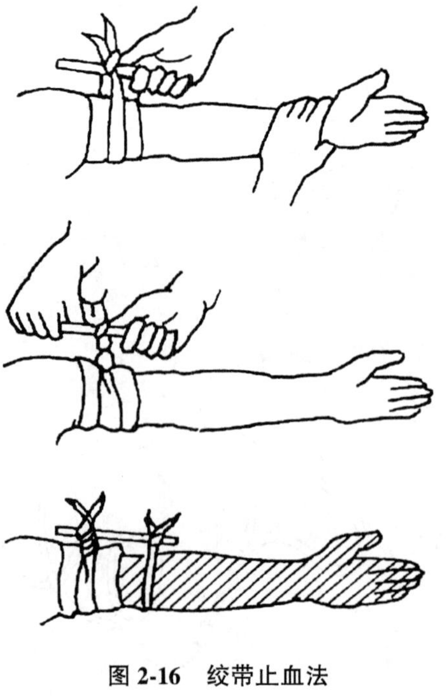

**图 2-16 绞带止血法**

**病例二**

张强,男,4 岁,游玩中不慎跌倒,头部着地多处裂伤,出血不止,送入医院就医。患儿神志清楚,CT 示头部无骨折及颅内出血,哭闹不止。

护理问题:

1. 有感染的危险
2. 体液不足
3. 恐惧

## 讨论与思考

1. 首先进行清创缝合止血,对外露部分特别注意缝合美观。

2. 患儿 4 岁,有恐惧心理,应尽量让父母陪同,增加安全感。

3. 患儿遵医性差,在做好心理护理,给予鼓励外,特别注意固定好缝合体位,防止意外。

4. 头部多个伤口,选择回返形包扎法(图 2-17):自包扎部位的顶端正中开始,来回向两侧回返,直至包扎整个顶端。

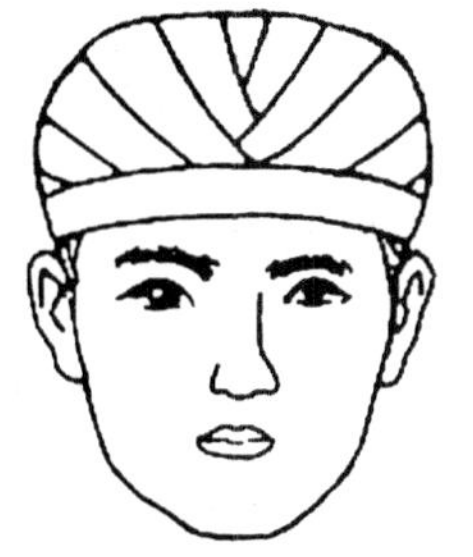

图 2-17　回返形包扎法

5. 输液,补充血容量;使用破伤风抗毒素、抗生素。

6. 指导家长注意看护患儿,防止患儿将包扎松脱;按时换药、拆线。

**病例三**

患者,女性,26 岁,因车祸后腹部疼痛 6h 急诊入院,查体:T 36.6℃,P 140 次/分,BP 80/50mmHg, R 26 次/分,神志淡漠,睑结膜苍白,心界不大,心率 140/min,律齐,无杂音,双肺呼吸音清晰。腹部稍膨隆,有压痛,轻反跳痛,移动性浊音阳性,双肾区无叩痛,脊柱四肢无异常。腹部 B 超示:腹腔内大量积血。

护理问题:

1. 组织灌注不足
2. 疼痛
3. 潜在并发症:腹腔感染

## 讨论与思考

1. 该患者大量内出血,血压下降,需迅速建立静脉通路,遵医嘱补液,并做好配血、合血及术前准备。

2. 取血和输血前均需两人“三查八对”　三查:血液的有效期、血液质量、输血装置;八对:床号、姓名、住院号、血袋号、血型、交叉配血试验结果、血液种类和数量。

3. 密切观察病情:生命体征、意识状态、皮肤颜色、腹部膨隆、疼痛情况、有无腹膜刺激征等,为病人留置导尿,记录每小时尿量和 24h 出入量。

4. 需要绝对卧床休息,暂禁食。禁食期间给予病人足够的静脉营养;关心病人,加强交流,解除病人的焦虑和恐惧。

**病例四**

患者,女性,21 岁,再生障碍性贫血,全血细胞减少。遵医嘱给病人鲜血 200ml,静脉输入,在执行过程中,病人出现寒战,继而头痛、恶心,体温 40℃,患者面色发红,精神紧张。

护理问题：

1. 体温过高
2. 潜在并发症：出血
3. 焦虑

## 讨论与思考

1. 患者是发生了输血反应中的发热反应，发热反应是输血反应中最常见的反应。
2. 紧急处理是停止输血，用生理盐水维持静脉通道，保证抢救用药。
3. 对症处理：寒战时保暖，高热时物理降温。
4. 密切观察病情变化，保留输液器、输血袋和剩余血液送血库检验，查找原因。

**病例五**

王先生，70岁，退休工人，患慢性阻塞性肺病20余年，今因感冒后病情加重，咳嗽、咳痰、黄痰黏稠不易咳出，呼吸困难、张口耸肩、口唇发绀、躁动不安、不能平卧、神志淡漠、间歇性抽搐等急诊入院。体检：T 38.5℃，P 110次/分，R 32次/分，BP 100/60mmHg。听诊：心律失常。血气分析：$PaO_2$40mmHg，$PaCO_2$70mmHg，$SaO_2$70%。诊断为"Ⅱ型呼吸衰竭"。

## 讨论与思考

1. 该病人从呼吸困难、发绀、躁动不安、血气分析各方面均显示：中度缺氧并伴二氧化碳储留。需要立即吸氧，可根据情况选择氧气筒供氧或中心吸氧装置吸氧。吸氧方法可选择单侧鼻塞法，刺激小，病人舒适（鼻导管法刺激鼻咽部黏膜，时间长感觉不适；双侧鼻塞法病人张口呼吸，呼吸困难；面罩法需大流量氧气，6～8L/min）。

2. 将病人安置在呼吸监护室进行监护，监测生命体征、血气分析等。要防止发生氧中毒和二氧化碳麻痹。

3. 该病人缺氧伴有二氧化碳潴留，应长期低流量（1～2L/min）、低浓度（25%～29%）、持续吸氧。因该类病人呼吸中枢的兴奋性主要靠缺氧来维持，对二氧化碳刺激已经不敏感，若吸入高浓度氧，则解除了缺氧对呼吸中枢的刺激作用，可使呼吸中枢兴奋性降低，甚至呼吸停止，这反而使肺通气量减少，二氧化碳潴留加重。

4. 指导病人有效咳嗽、咳痰。遵医嘱给予祛痰药或化痰药行雾化吸入等，必要时吸痰，保持呼吸道通畅。全身应用抗生素治疗，控制呼吸道感染。协助病人取半坐位，以减轻呼吸困难。

5. 教育病人及家属用氧安全，切实做到"四防"，不能擅自调节氧流量或停止用氧。

6. 保持室内空气新鲜，温湿度适宜。

7. 当病人吸氧有效，缺氧症状改善、$PaO_2$大于60mmHg，$PaCO_2$小于50mmHg，可考虑逐渐停止吸氧。如果是氧气筒供氧，氧气筒内氧气不能用尽（$5kg/cm^2$），筒外标明"空"或"满"的标志。

**病例六**

马女士，65岁，农民，3年前患心肌前壁梗死。今因肺部感染住院输液治疗。输液过程中病人突然感到胸闷、气急、烦躁不安、有濒危感、面色苍白、大汗淋漓、四肢厥冷、神志清楚、不能平卧、恐惧、端坐呼吸、咳嗽、咳大量粉红色泡沫样痰，两肺布满湿啰音。听诊：心率120次/分，心尖区有舒张期奔马律。被诊为"急性左心衰竭、肺水肿"。

### 讨论与思考

1. 该病人有心肌梗死病史，在输液过程中速度过快、量过多是导致急性左心衰竭、肺水肿的主要原因。

2. 应给予高流量吸氧，6～8L/min，湿化瓶内加20%～30%乙醇湿化氧气，乙醇可使肺内水泡泡沫表面张力降低而破裂，扩大肺通气面积，利于肺内气体交换，提高动脉血氧含量，以纠正肺水肿及心力衰竭。必要时可加压吸氧，以提高肺泡内压力，减少浆液性渗出，但吸氧时间不宜过长，应间歇性吸入。如给予机械性通气辅助呼吸，采用呼气末正压通气。

3. 有条件时选用中心供氧更好，如果呼吸道通畅、鼻黏膜完整，可选用双侧鼻导管（鼻塞）吸氧或面罩给氧。注意用氧安全，指导病人及家属切实做好"四防"。

4. 输氧过程中密切观察缺氧症状有无改善，生命体征是否正常，心力衰竭症状是否得以纠正。采用间断给氧，及时做血气分析，防止氧中毒。

5. 及时给予心理指导。病人因病情的突变和加重，心理紧张、恐惧。医护人员要镇静自若、有条不紊地抢救病人，工作忙而不乱，使病人产生信任、安全感。尽量守护病人，密切监测病情变化，询问病人感受，了解病人反应，给予及时恰当的解释，以稳定病人情绪，心理得到安慰。

**病例七**

李先生，74岁，农民，初中文化，体质虚弱。患支气管哮喘病12余年，近日因天气变冷感冒后病情加重。表现为呼吸困难，口唇、面部明显发绀，端坐呼吸，不能平卧，烦躁不安、神志清楚、焦虑、紧张、恐惧等，来院就诊。

### 讨论与思考

1. 该病人有呼吸困难，端坐呼吸。需要高浓度、高流量吸氧，来缓解缺氧症状，解除其痛苦。

2. 该病人为农民，因长期患哮喘病，要了解病人有无吸氧的经历；在与病人沟通过程中，应注意进行心理疏导，解除心理压力、焦虑及恐惧感。

3. 健康教育：注意对病人及家属进行用氧安全教育，做到"四防"。

（曾建平）

## 项目五　洗胃+吸痰

【临床病例】　王先生，48岁，十二指肠球部溃疡10余年，最近1个月患者出现进食后上腹饱胀不适，并出现阵发性胃痉挛性疼痛，有恶心、呕吐，呕吐量大，呕吐物含大量宿食，带有腐败酸臭味，不含胆汁，诊断为十二指肠溃疡伴幽门梗阻。医生拟订1周后在全麻下行胃大部切除术，医嘱术前3d每天洗胃。

【分析导入】

1. 幽门梗阻患者洗胃时间在饭后4～6h或空腹。每次洗胃记录胃内潴留量，了解梗阻情况。

2. 洗胃溶液选择300～500ml温生理盐水洗胃，减轻胃壁水肿和炎症，有利于术后吻合口愈合。洗胃时，一次灌洗量应少，压力应低，防止出现穿孔或出血。

3. 做好术后护理:全麻未清醒前专人护理,注意检测生命体征的变化,常规氧气吸入,及时清除口咽部分泌物,必要时吸痰。

【用物准备】

1. 洗胃　胃管、镊子、纱布、压舌板、棉签、碗盘、液状石蜡、20ml 注射器、胶布、塑料围裙或橡胶单、治疗巾、量杯、水温计、水桶 2 只、温盐水、电动吸引器、Y 形三通管、调节夹、输液架、输液瓶、输液导管。

2. 吸痰　电动吸引器、一次性吸痰管数根、治疗碗、弯盘、无菌生理盐水、无菌钳或无菌镊子、无菌纱布、盛有消毒液的瓶,必要时备压舌板、开口器、舌钳、牙垫。

【操作流程】

| 项目名称 | 操作流程 | 技术要求 | 人文关怀(护患沟通) | 分值 |
|---|---|---|---|---|
| 洗胃(100 分) | 核对、解释、评估 | 携用物至床旁,核对患者床号,姓名,查看腕带<br>解释洗胃目的,配合方法,取得患者同意和配合<br>评估患者口腔情况、病情、意识状态 | 请问一下您的床号和姓名? 王先生,因为 3d 后您要做手术,现在我来给您洗胃,以减轻胃黏膜水肿,这样有利于吻合口的愈合,您可以配合我吗? 等一下我会先从您口腔里插一根管子到胃里,然后再灌入生理盐水洗胃。在操作过程中可能有点恶心不舒服,一会儿就好。我先检查一下您的口腔情况 | 5 |
| | 安置洗胃装置 | 接通电源,检查吸引器功能,调节负压保持在 13. 3kPa 左右,输液架与 Y 形管连接,洗胃管末端和吸引器引流管与 Y 形管分支连接,夹紧输液器,调节输液瓶高度,将灌洗液倒入瓶内,见图 2-18 | 很好,我先安装洗胃装置,马上就好 | 10 |
| | 安置体位 | 取左侧卧位,将塑料围裙系于患者胸前 | 王先生,请您采取左侧卧位,我在您胸前系上围裙,以免一会儿洗胃的时候弄脏您的衣服 | 5 |
| | 插胃管 | 测量胃管插入长度,液状石蜡润滑胃管前段<br>自口腔轻轻插入至咽喉部(10~15cm)时,嘱患者吞咽,继续插入至测量长度 | 王先生,给您测量一下插管的长度<br>等一会儿我在插管的时候,请您配合我做吞咽动作好吗? 一会儿就好 | 20 |

（续　表）

| 项目名称 | 操作流程 | 技术要求 | 人文关怀(护患沟通) | 分值 |
|---|---|---|---|---|
| 洗胃（100 分） | 确定、固定胃管 | 检查胃管是否在胃内<br>胶布固定胃管 | 胃管我已经给您插好了，并固定在了一边，请您不要随意乱动，以免管子脱落 | 10 |
| | 灌洗、观察 | 打开吸引器，吸出胃内容物<br>关闭吸引器，夹紧贮液器的引流管，开放输液管，使灌洗液流入胃内 300~500ml<br>夹紧输液管，开放贮液器的引流管，开动吸引器吸出灌入液体<br>反复灌洗，观察灌洗液及患者情况 | 王先生，在洗胃的时候如果您感觉到恶心、肚子痛或其他不舒服的地方，请一定告诉我好吗 | 30 |
| | 拔管 | 灌洗完毕，反折胃管，快速拔出 | 已经洗好了，您配合得很好 | 10 |
| | 整理、记录 | 清洁患者口鼻、面部，安置舒适体位<br>按规定分类处置医疗垃圾<br>洗手，记录 | 王先生，我给您把面部擦干净。需要换一个体位吗？呼叫器放在您枕边了，有事请按铃，谢谢您的配合，您好好休息 | 10 |
| 全麻术后患者回到病房，闻及痰鸣音，遵医嘱吸痰 | | | | |
| 吸痰（100 分） | 核对<br>解释<br>评估 | 携用物至床旁，核对患者床号，姓名，查看腕带<br>解释吸痰目的，取得患者同意和配合<br>评估患者病情、意识状态，听有无痰鸣音 | 请问一下您的床号和姓名？王先生，因为您气道分泌物较多，现在我要来为您吸痰，请您配合一下好吗？吸痰的时候有点恶心不舒服，一会儿就好 | 10 |
| | 连接<br>调节<br>试吸 | 接通电动吸引器电源，打开开关，检查性能，调节负压大小（图 2-19）<br>连接吸痰管，试吸少量生理盐水 | | 20 |
| | 吸痰 | 一手持吸痰管末端反折，另一只手用无菌血管钳或镊子持吸痰管前段，插入口咽部，然后松开吸痰管末端，先吸净口咽部分泌物，再换管吸气管内分泌物，每次不多于 15s<br>每次退出吸痰管时，用生理盐水抽吸冲洗 | 有什么不适请用手示意我 | 40 |
| | 观察 | 询问患者感受，观察患者面色、呼吸是否改善；观察吸出物的性质、颜色、黏稠度、量等 | 感觉怎么样？还好吧 | 20 |
| | 整理、记录 | 清洁患者口鼻、面部，安置舒适体位<br>按规定分类处置医疗垃圾<br>洗手，记录 | 王先生，舒服多了吧？谢谢您的配合 | 10 |

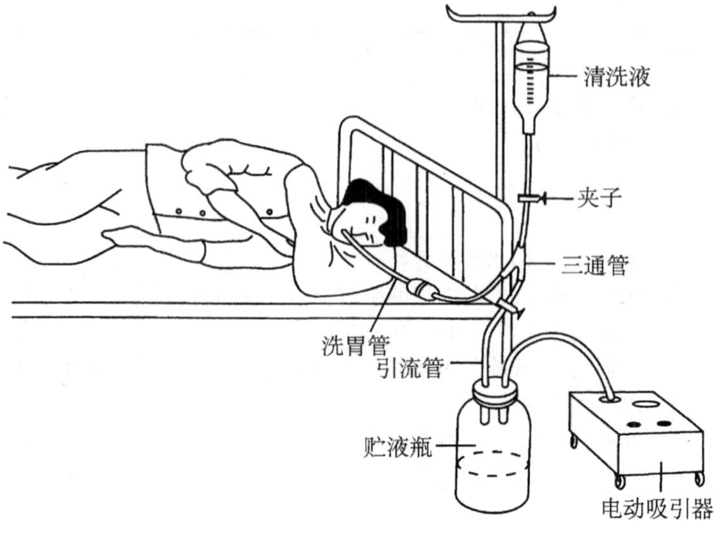


**图 2-18　电动吸引器洗胃法**

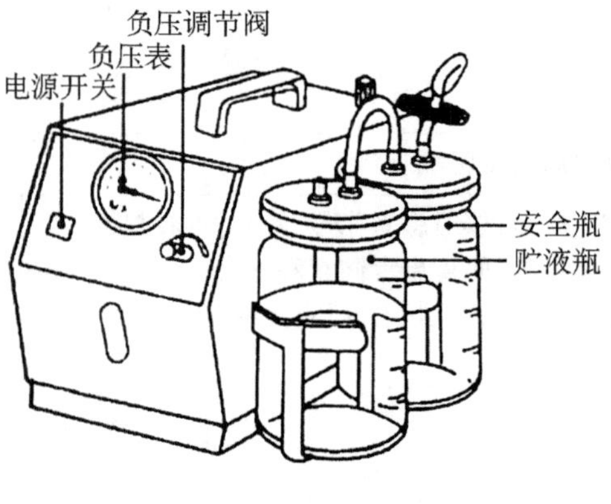


**图 2-19　电动吸引器**

【相关病例讨论】

**病例一**

患者,女,22 岁,与家人争吵后服药水 1 小瓶,家人发现时病人腹痛、恶心、呕吐,吐出物有大蒜味,急送入院。既往体健,无肝、肾、糖尿病史,无药物过敏史。查体：T 36.4℃,P 62 次/分,R 32 次/分,BP 112/78mmHg。平卧位,意识障碍,皮肤湿冷,肌肉颤动,瞳孔针尖样,对光反应弱,口吐白沫,两肺较多哮鸣音和散在湿啰音。

护理问题：

1. 急性意识障碍
2. 有窒息的危险
3. 清理呼吸道无效

## 讨论与思考

1. 入院时患者意识障碍,有恶心呕吐,应立即将患者平卧位,头偏向一侧,防止误吸。

2. 该患者自服药水1瓶后腹痛、恶心、呕吐,吐出物有大蒜味,初步判断为有机磷农药中毒,应立即洗胃。

3. 昏迷患者洗胃时取平卧位头偏向一侧,插管时,用开口器撑开口腔,置牙垫于上下磨牙之间,将洗胃管经口腔插至咽部(约15cm),将患者头部托起,使下颌靠近胸骨柄,再缓缓插至预定长度45~55cm。

4. 现在不能明确患者具体中毒物质,洗胃溶液选择温开水或生理盐水洗胃,抽取胃内容物送检,再根据毒物性质选择合适的洗胃液。

5. 洗胃过程中需严密观察患者的面色、生命体征、瞳孔等变化,昏迷患者特别注意防止发生误吸。

6. 向家属讲解洗胃后的注意事项,待患者清醒后耐心劝导,做好针对性心理护理,帮助改变认知,为患者保守秘密,减轻心理负担。

**病例二**

某肠道门诊部在较短时间内,相继诊治25名诉说恶心、呕吐、腹痛和腹泻病人。询问病史为同一工厂职工,中午在食堂进餐。

护理问题:

1. 腹泻
2. 疼痛

## 讨论与思考

1. 25人同时出现恶心、呕吐、腹痛和腹泻,考虑集体食物中毒,应在4~6h洗胃效果最好。

2. 神志清醒症状轻者给予口服催吐法,指导患者每次饮液量300~500ml,再自呕或用压舌板刺激舌根催吐,反复自饮、催吐,直至吐出澄清无味的液体。

3. 症状重者采用电动吸引器洗胃法或全自动洗胃机洗胃法。洗胃时,中毒症状轻者取坐位或半坐位,中毒症状重者取左侧卧位。因右侧卧位有助于胃排空,会加速毒物向十二指肠排空。用电动吸引器洗胃时负压保持在13.3kPa,每次流入胃内溶液300~500ml,并留取第一次胃内容物送检。

4. 洗胃过程中,注意观察洗出液的颜色、气味、量及患者面色、脉搏、呼吸和血压的变化,如患者有腹痛、休克或洗出液呈血性,应立即停止洗胃,通知医生采取相应的措施。

5. 逐级报告食品卫生主管部门,协调有关部门妥善处理。

**病例三**

患者,男,71岁。长期卧床,患支气管扩张5年,现因受凉感冒发热、频繁咳嗽、痰量增多,呈黄绿色脓痰,胸闷、气急、发绀、呼吸困难,病情加重住院。查体:T 38.7℃,P 116次/分,R 28次/分,BP 140/94mmHg。听诊:两肺湿性啰音,双肺、气管内、喉部均有痰鸣音。实验室检查:血白细胞总数和中性粒细胞增多,经胸部X线片、CT等检查被确诊为支气管扩张伴急性呼吸道感染,需住院治疗。遵医嘱已经给予祛痰药、支气管舒张药等治疗。

护理问题:

1. 清理呼吸道无效

2. 气体交换受损
3. 活动无耐力

## 讨论与思考

1. 患者确诊为支气管扩张伴急性呼吸道感染，痰量多，但患者年龄偏大，又长期卧床，所以不适宜进行体位引流，给予患者吸痰。

2. 患者呼吸困难，缺氧，应先吸痰再吸氧。当痰液黏稠、不易咳出或吸出时，可用 α-糜蛋白酶雾化吸入稀释痰液。

3. 吸引器负压调节一般成人 40.0～53.3kPa（300～400mmHg），儿童 33.0～40.0kPa（250～300mmHg），吸痰时要注意先将吸痰导管放到所吸部位，再打开负压开关吸痰。原则：从所需深度左右旋转、逐渐向上提拉，边退边吸，严禁上下提插，反复进行。每次吸痰时间不能超过 15s，以防缺氧。

4. 嘱咐患者及家属按时服用祛痰药、化痰药，做有效呼吸运动，掌握排痰技巧，注意观察痰量和颜色。多食清淡易消化饮食。保证摄入足够的水分，每日饮水量 1500～2000ml。

5. 注意保持呼吸道湿润、通畅，室内温湿度适宜，空气新鲜。解除患者恐惧心理，保持心情愉快，创造安静、舒适的休养环境，勿过度劳累。

**病例四**

患者男性，20 岁，大学生，自诉近几天出现咽喉痛、鼻塞、发热等上呼吸道感染以及腹泻、呕吐等消化道症状后，四肢感觉障碍、进行性无力，不能行走。现在胸闷、呼吸费力、全身不适等，来院就诊。住院后经过一系列检查被诊断为急性吉兰-巴雷综合征（GBS）。住院后不久患者突然出现呼吸肌麻痹而致呼吸衰竭，患者精神紧张、恐惧、烦躁不安。医生立即行气管切开救治，并用人工呼吸机辅助呼吸。但呼吸道痰液较多，患者无法自行将痰液排出，为保持患者呼吸道通畅，如何实施有效的吸痰及护理？

护理问题：

1. 清理呼吸道无效
2. 气体交换受损
3. 有受伤的危险

## 讨论与思考

1. 该患者为大学生，年轻，患病后精神紧张、恐惧、烦躁不安，担心预后。首先向患者及家属做好解释工作。告知吉兰-巴雷综合征（GBS）是一组神经系统自身免疫性疾病。目前对此病的诊断和治疗是明确的、可以治愈的，解除患者及家属的担心与恐惧。

2. 该患者气管切开，吸痰时要严格执行无菌技术操作，防止引起呼吸道感染。

3. 该患者行气管切开后，呼吸道黏膜容易干燥，应用无菌湿纱布遮盖气管套管口并勤更换湿纱布。按医嘱及时稀释痰液并吸痰，以保持呼吸道湿润、通畅。吸痰前后均应吸氧。

4. 给患者以精神安慰，注意沟通技巧。因患者气管切开术后不能发音，沟通时可采用书面交谈或动作表示，预防患者因不能说话而情绪急躁。将套管拔出，必要时可设法固定双手。指导患者及家人在沟通时可堵住气管套管口进行沟通，但要防止污染管口。

（兰洪萍）

# 第 3 章

# 围术期护理技能

**学习要点**

围术期是围绕手术的一个全过程，从病人决定接受手术治疗开始，到手术治疗直至基本康复，包含手术前、手术中及手术后的一段时间。围术期的护理技能包括：术前准备如备皮、导尿、灌肠等；术中配合手术，护士应掌握外科洗手、穿无菌手术衣、戴无菌手套、输液泵的使用；术后护理有胃肠减压、伤口换药等操作。

## 项目六　备皮+导尿+灌肠

【临床病例】　患者，男，48 岁，小学文化，某搬家公司搬运工。入院前半年无明显诱因，发现右腹股沟区可复发性肿物，大小约 5cm×4cm，无疼痛，偶有坠胀不适。站立、行走、劳动、咳嗽时可见肿物突出，平卧用手推送可还纳消失，当时未予理会。患者近日来便秘，今晨，排便后腹股沟肿物突然增大，并伴疼痛，用手推送不能使肿物回纳，为进一步诊治收入院，诊断为右侧腹股沟斜疝。入院后精神、食欲可，睡眠佳，略显焦虑。医嘱定于明日行疝修补术，手术区域备皮，晚间行清洁肠道，手术日晨留置导尿。

【分析导入】

1. 腹部手术前备皮可降低手术区域伤口感染发生率。

2. 患者有便秘现象，术前晚灌肠，清除肠道内积粪，防止术后腹胀及排便困难而引起腹压增高。

3. 该患者存在嵌顿疝的可能，护士应密切观察患者腹痛情况，若疼痛突然加剧伴有肿物突然增大、发硬、触痛明显、恶心等症状时，应及时报告医生。

4. 留置导尿管的目的是防止膀胱充盈，避免术中误伤膀胱。

5. 患者知识文化水平较低，对手术相关知识不了解，存在焦虑，护士需要做好各项操作的解释及告知患者配合方法。

【用物准备】

1. 备皮　治疗盘放置一次性备皮包或弯盘、一次性备皮刀、治疗碗内盛肥皂水棉球若干、持物钳、纱布、松节油、棉签、手电筒、一次性手套、橡胶单及治疗巾（或一次性垫巾）、毛巾、脸盆内盛温水、洗手液、屏风。

2. *灌肠* 治疗盘内盛灌肠筒或一次性无菌灌肠器1套、肛管（24～26号）、润滑剂、水温计、止血钳1把、橡胶单及治疗巾（或一次性垫巾）、弯盘、纱布数块、一次性手套、温开水、肥皂液、便盆及便盆巾、输液架、洗手液、屏风。

3. *导尿* 一次性导尿包、橡胶单及治疗巾（或一次性垫巾）、便盆及便盆巾、洗手液、屏风。无菌持物钳消毒液、无菌手套。

【操作流程】

| 项目名称 | 操作流程 | 技术要求 | 人文关怀（护患沟通） | 分值 |
|---|---|---|---|---|
| 备皮（100）分 | 核对<br>解释<br>评估 | 核对患者及手术部位<br>解释备皮目的和方法<br>评估患者病情及配合程度<br>评估手术区皮肤情况<br>评估操作环境、调节室温 | 您好！您是×床××吗？我看一下您的腕带。您明天手术，术前要对您手术部位的皮肤进行脱毛和清洁，以防手术切口感染。您能理解并配合吗？请让我看一下您手术的部位。我去准备物品，请稍等 | 10 |
| | 安置<br>体位 | 携用物至患者床旁再次核对<br>屏风遮挡，协助患者取仰卧位，两腿分开，充分暴露备皮部位（手术备皮范围见图3-1～图3-8），注意保暖<br>身下铺橡胶单及治疗巾（或一次性垫巾） | 您这个姿势可以吗？没有什么不适吧？请保持这个体位，有什么不适告诉我 | 10 |
| | 备皮 | 洗手戴口罩<br>持物钳夹取肥皂水棉球涂擦皮肤<br>戴一次性手套<br>一手用纱布绷紧皮肤，另一手持备皮刀，刀架与皮肤呈45°，从上到下依顺毛发方向剃净毛发 | 可能有些凉，您感觉可以吗<br>请您保持这个姿势，如有不适请告诉我。这个力度可以吗？您配合得很好 | 30 |
| | 清洁 | 正确脱去手套并处置<br>毛巾浸温水洗去局部毛发和皂液<br>用棉签蘸松节油清除脐部污垢和油脂 | 现在帮您清洁一下，水温合适吗？帮您清洁一下脐部 | 15 |
| | 检查 | 持手电筒照射检查备皮部位毛发是否剃净<br>皮肤无损伤 | 现在检查一下备皮的效果，您的皮肤是完好的 | 10 |

（续　表）

| 项目名称 | 操作流程 | 技术要求 | 人文关怀(护患沟通) | 分值 |
|---|---|---|---|---|
| | 整理<br>嘱咐 | 协助患者穿好衣裤<br>安置患者于舒适体位<br>放呼叫器于易取处<br>整理床单位<br>嘱患者沐浴,保持备皮区域皮肤完整<br>整理用物 | 今天您可以洗个澡,注意备皮区域的皮肤不要有任何的破损,呼叫器放在您枕边了,有事随时叫我,我也会经常来看您的 | 15 |
| | 核对<br>记录 | 再次核对<br>洗手,记录 | 您是×床××吧？谢谢您的配合,您好好休息 | 5 |
| | 用物<br>处理 | 用物分类处理正确<br>洗手、摘口罩 | | 5 |
| 患者晚饭后 2h 护士为其进行肠道清洁 | | | | |
| 大量不保留灌肠(100 分) | 核对<br>解释<br>评估 | 核对患者<br>解释灌肠目的和方法<br>评估患者病情、配合程度、肛周情况<br>嘱患者排尿<br>评估操作环境、调节室温 | 您好,我现在要给您灌肠,就是将一根软管自肛门经直肠缓缓地插入结肠,灌些肥皂水,有助于排出粪便和积存的气体,既可防止术中污染手术台,又可减轻术后腹胀。您灌过肠吗？有痔疮吗？我去准备用物,请稍等 | 10 |
| | 配液 | 灌肠溶液:0.1%～0.2%肥皂水<br>液体量 500～1000ml<br>温度 39～41℃ | | 5 |
| | 安置<br>体位 | 携用物至患者床旁再次核对<br>屏风遮挡<br>洗手戴口罩<br>协助患者取左侧卧位(图 3-9),充分暴露肛门,注意保暖<br>臀下铺橡胶单及治疗巾(或一次性垫巾)<br>弯盘放于臀边 | 请您将裤子脱至膝盖以下,左侧卧位,膝关节尽量靠近胸部,臀部靠近床沿,您这个姿势可以吗？坚持一下 | 10 |
| | 挂筒<br>润滑<br>排气 | 挂灌肠筒于架上,液面距肛门 40～60cm<br>润滑肛管、排气、止血钳夹紧肛管 | | 10 |
| | 插管 | 戴一次性手套<br>暴露肛门<br>将肛管缓慢插入肛门 7～10cm<br>固定肛管 | 现在要为您插管了,请您深呼吸,放松,管子插好了 | 15 |

（续　表）

| 项目名称 | 操作流程 | 技术要求 | 人文关怀（护患沟通） | 分值 |
|---|---|---|---|---|
| 大量不保留灌肠（100分） | 灌液 | 松开止血钳，缓慢放液<br>观察液面下降情况，若受阻，可稍旋转肛管<br>观察患者反应，若有便意，降低灌肠筒高度，放慢灌入速度 | 放液的时候您会感到腹胀和便意，可以做深呼吸，忍耐片刻。您感觉如何？如果有心慌等不适感觉请马上告诉我 | 15 |
| | 拔管 | 液体将要流完时，夹紧肛管<br>用手纸裹住肛管轻轻拔出放入弯盘，不污染床单<br>擦净肛门 | 液体灌完了，现在要拔管了，请您屏气，轻轻收紧肛门，您配合得很好 | 10 |
| | 整理嘱咐 | 撤去用物<br>正确脱去手套<br>协助患者平卧并嘱咐<br>不能下床者给予便盆协助排便 | 请您平卧，让液体保留5~10min再排便，这样利于粪便软化，排得更彻底 | 10 |
| | 核对记录 | 再次核对<br>洗手，记录<br>如清洁灌肠，待患者排便后，再次行插管灌肠，直至排出液无　质为止，即反复进行大量不保留灌肠 | 您是×床××吧？谢谢您的配合，先休息，一会儿您去卫生间请注意安全，我过会儿来看您 | 5 |
| | 用物处理 | 用物分类处理正确<br>洗手、摘口罩 | | 5 |
| 患者晨起洗漱后护士为其插导尿管 | | | | |
| 导尿术（100分） | 核对解释评估 | 核对患者<br>解释导尿目的和方法<br>评估患者病情及理解配合程度<br>嘱患者自行（或护士协助）清洗外阴<br>评估操作环境、调节室温 | 您好，您是×床××吧，一会儿您就要手术了，为了避免手术中误伤膀胱，要为您插一根导尿管。在导尿过程中会有一点不适，但很快会过去，请您配合好吗？请您先自己清洗一下外阴，我去准备用物 | 10 |
| | 安置体位 | 携用物至患者床旁再次核对<br>屏风遮挡<br>协助患者取仰卧位，两腿分开，露出会阴，注意保暖<br>身下铺橡胶单及治疗巾（或一次性垫巾） | 我协助您脱掉对侧裤腿。请抬一下臀部，我给您垫上垫巾。两腿稍分开，这样便于操作 | 5 |

（续　表）

| 项目名称 | 操作流程 | 技术要求 | 人文关怀(护患沟通) | 分值 |
|---|---|---|---|---|
| 导尿术(100分) | 初次消毒 | 洗手戴口罩<br>打开一次性导尿包,取出初次消毒用物置于患者两腿间(注意不污染导尿包内物品)<br>左手戴手套,右手持镊子初次消毒(阴阜-阴茎-阴囊-尿道口-阴茎头-冠状沟)<br>脱手套放盘内,撤去用物 | 我要消毒了,稍微有点凉,忍耐一下,很快就好 | 15 |
| | 再次消毒 | 消毒手<br>放无菌包于患者双腿间打开<br>戴无菌手套,铺洞巾<br>将消毒用物放于弯盘内置于近会阴处<br>检查球囊是否漏气,润滑导尿管前端(女:润滑6cm,男:润滑20cm)<br>再次消毒外阴(尿道口-阴茎头-冠状沟-尿道口两遍)<br>消毒毕,固定尿道口的手不动,另一只手移去消毒弯盘置床尾 | | 20 |
| | 插管 | 将有导尿管的弯盘移至会阴处<br>无菌纱布裹住阴茎并提起,使之与腹壁成60°角,用镊子夹导尿管前端,轻轻插入尿道口20~22cm,见尿后再插5~7cm(图3-10、图3-11)夹闭尿管末端 | 开始给您插尿管了,深呼吸、放松,尿管给您插好了,有什么不舒服吗 | 10 |
| | 留置尿管 | 向水囊内注入生理盐水10~15ml(图3-12)<br>往外轻拉固定导尿管<br>将尿管末端与集尿袋连接<br>用安全别针将集尿袋固定于床旁,打开尿管末端夹子<br>脱去手套,注明置管时间贴于尿管末端 | | 20 |
| | 整理嘱咐 | 撤去用物<br>协助患者穿好裤子取舒适体位<br>嘱患者注意点 | 管子插好了,您注意在翻身时勿牵拉扭曲尿管,如有不适,及时告诉我 | 10 |
| | 核对记录 | 再次核对<br>洗手,记录 | 您是×床××吧？谢谢您的配合,一会儿送您去手术了,请先休息一下 | 5 |
| | 用物处理 | 用物分类处理<br>洗手、摘口罩 | | 5 |

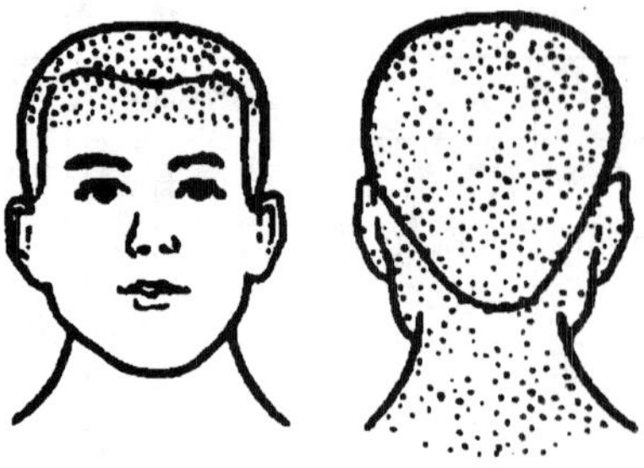

图 3-1　颅脑手术备皮范围

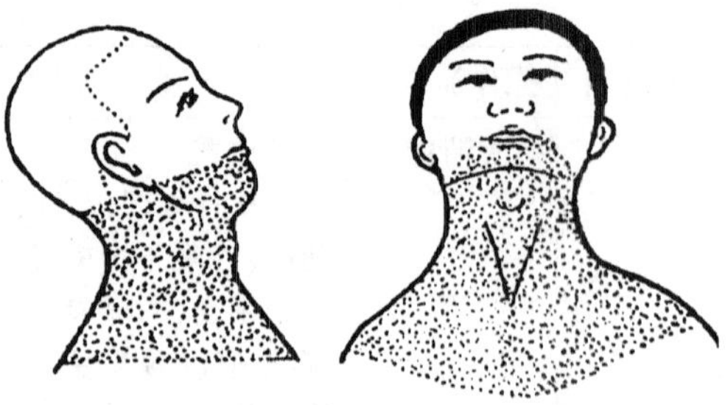

图 3-2　颈部手术备皮范围

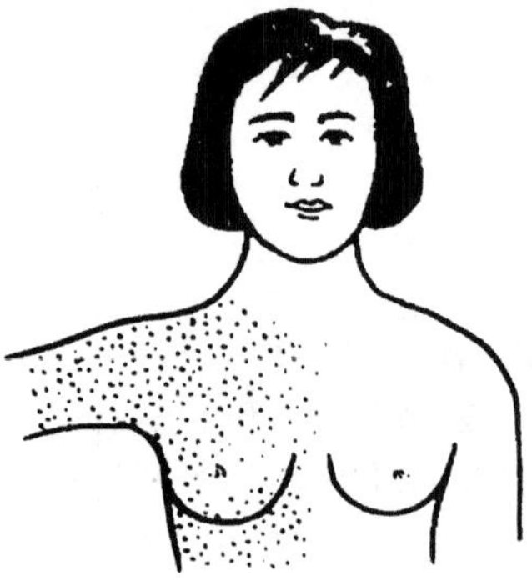

图 3-3　乳房手术备皮范围

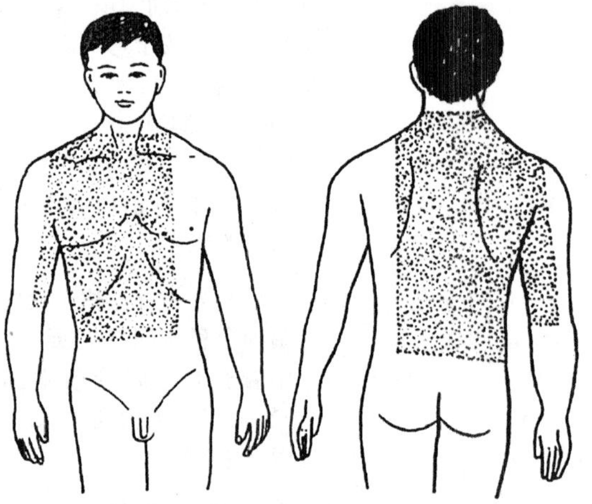

图 3-4　胸部手术备皮范围

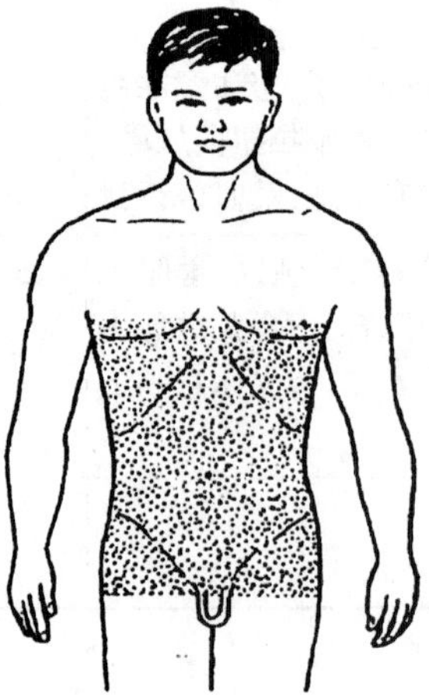

图 3-5　腹部手术备皮范围

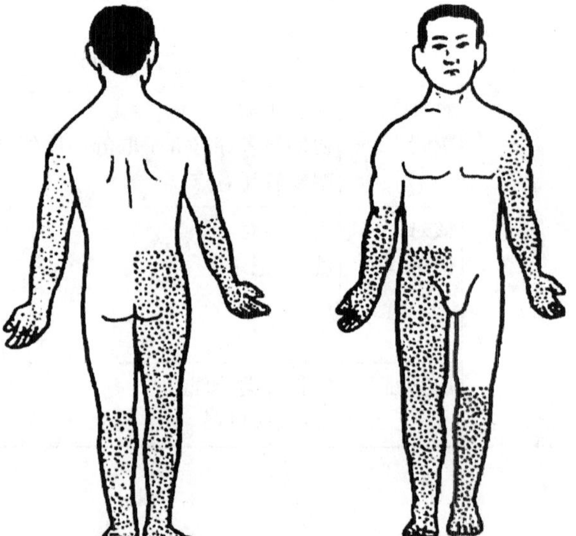

图 3-6　四肢手术备皮范围

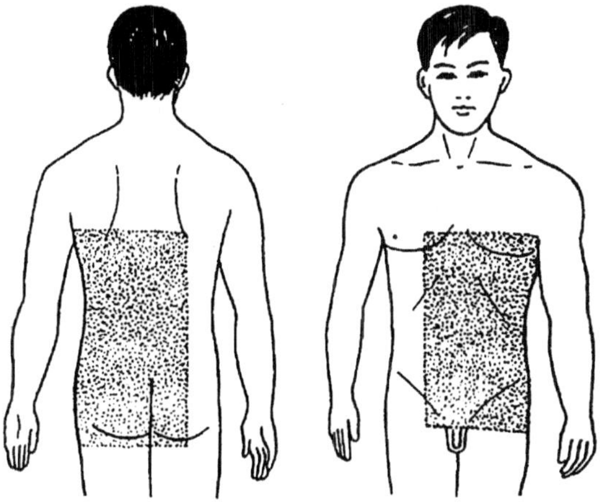

图 3-7　肾区手术备皮范围

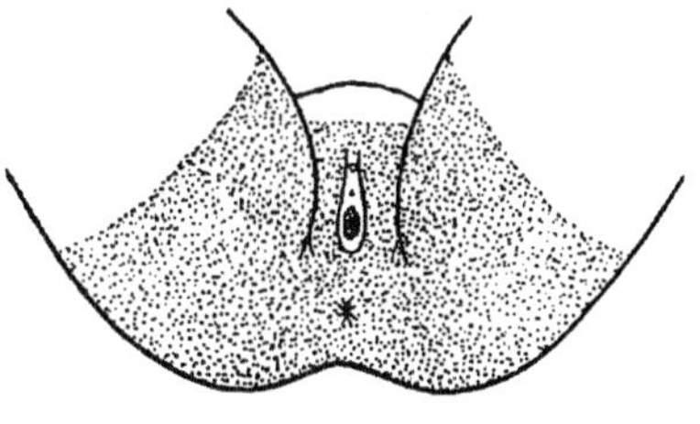

图 3-8　肛门手术备皮范围

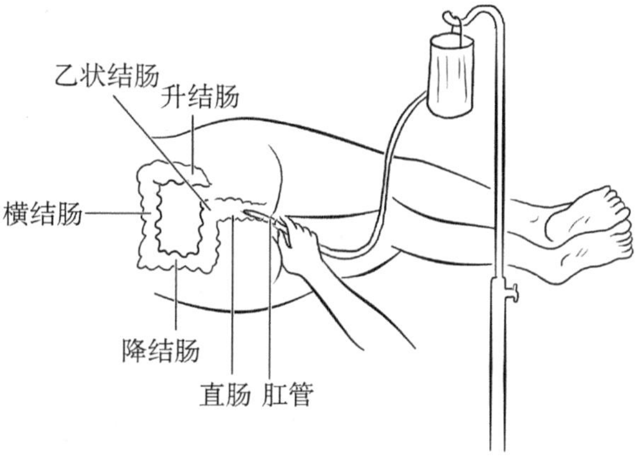


图 3-9　大量不保留灌肠体位

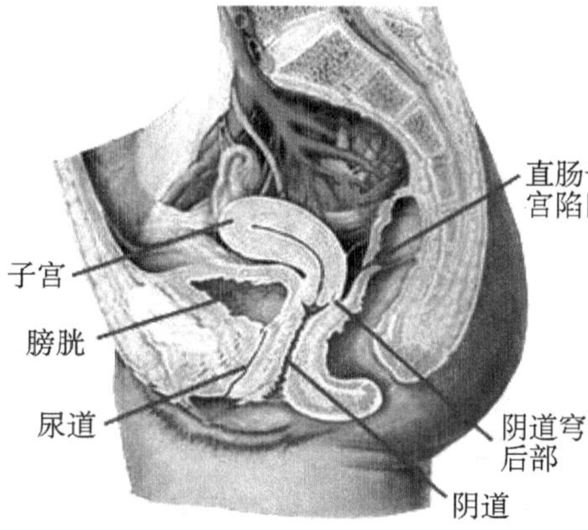


图 3-10　女性骨盆正中矢状面

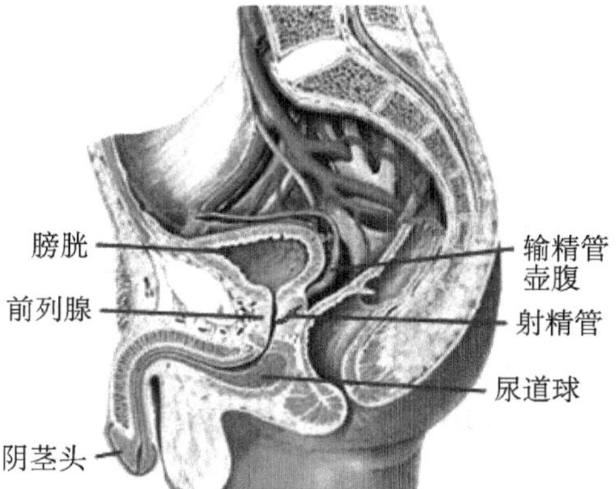


图 3-11　男性骨盆正中矢状面

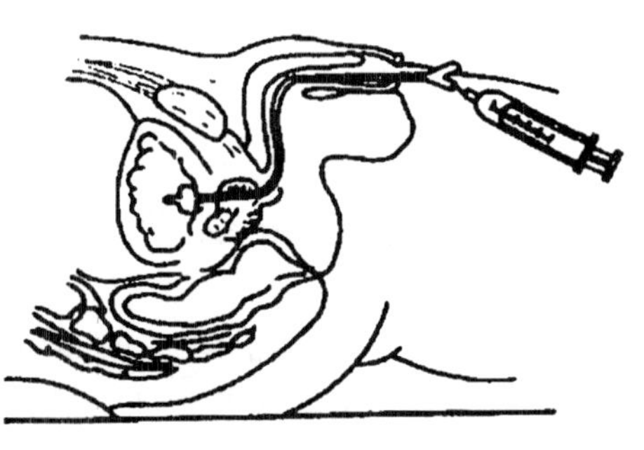

图 3-12　气囊导尿管固定法

【相关病例讨论】

**病例一**

患者,男,36岁,1h前从高处坠落,右臂着地后受伤。经检查患者右上臂中部肿胀,皮肤有擦伤破损,疼痛,肢体畸形,反常活动,压痛明显,肩关节活动受限。患者右臂有垂腕、各掌指关节不能伸直,拇指不能伸直,手背桡侧皮肤感觉减退。前臂及手部血供均无异常,生命体征平稳。该患者被诊断为右肱骨干粉碎性骨折合并桡神经损伤,需急诊手术治疗,患者十分紧张,担心会留有残疾。

护理问题

1. 疼痛
2. 躯体移动性障碍
3. 焦虑

### 讨论与思考

1. 观察疼痛性质、变化及前臂及手部血供情况。

2. 患肢要进行临时夹板或石膏固定,护士应注意观察肢体末梢血供情况。如有患肢青紫、肿胀、剧痛等,立即汇报医生。

3. 肱骨干骨折,特别伴有神经损伤时,患者心理压力大,易产生悲观情绪。讲解疾病相关知识,使患者有充分的思想准备,预防不良情绪的产生。

4. 上臂手术备皮范围:上界前方平甲状软骨,后方平乳突,下界平肋弓最低处,前后超过正中线,上肢至腕部。由于该患者是急诊手术,且患肢皮肤有破损,备皮方法是:先用生理盐水冲洗伤口,消毒液消毒,盖以无菌消毒棉垫。用温水擦尽患肢的血迹、污迹,按备皮范围剔除毛发,然后再给予清洁,擦干,再用2.5%碘酒消毒,用75%乙醇脱碘,最后用无菌治疗巾包裹。

**病例二**

患者,女,27岁,孕36周,近一个月来常感排便不畅,有时2~3d排便一次,粪便干燥,排便费力,便后肛门处流有少量鲜血。今日来医院就诊原因是4d没排粪便。患者主诉腹痛、腹胀,感到有便意,但是排不出,不敢用力,怕有危险。

护理问题

1. 便秘
2. 有受伤的危险(胎儿)
3. 恐惧

### 讨论与思考

1. 解决该患者目前便秘的有效办法就是灌肠,鉴于患者为孕后期,故要采用小量不保留灌肠的方法。

2. 选用"1、2、3"灌肠溶液,即50%硫酸镁30ml、甘油60ml、温开水90ml,或选用油剂,即甘油或液状石蜡50ml加等量温开水。溶液灌注后嘱患者保留10~20min再排便,起到充分软化粪便的作用。

3. 帮助患者分析便秘产生的原因,对其进行健康指导,如合理膳食,补充水分,适当运动,养成良好的排便习惯,保持身心愉快。便秘时不可乱用泻药,否则会引起流产、早产。

**病例三**

患者,男性,53岁,重度肝硬化。近一周患者自述腹胀、食欲减退、肝区胀满、便秘。查体发现患者极度消瘦、淡漠少言、反应迟钝、定向能力改变、产生幻觉、昼睡晨醒。

护理问题:

1. 意识障碍
2. 排便异常
3. 营养失调　低于机体需要量。

## 讨论与思考

1. 由于肝硬化患者胃肠吸收功能减弱,容易导致便秘,致使肠内容物在肠道内长时间停留,易受细菌感染,导致氨及其他有毒物质产生,进一步损害肝,且易促进肝性脑病的发生。该患者已经出现精神症状,为减少肠内毒素的生成和吸收,应立即解除便秘。

2. 可给予大量不保留灌肠促进排便,解除其痛苦。

3. 由于患者为肝性脑病,因此禁用肥皂水灌肠,因为碱性液能促使氨的吸收增加而加重肝性脑病。可选用生理盐水或弱酸性溶液,如食用盐水加一定量的白醋灌肠。

4. 密切观察病情变化,患者已有精神症状出现,注意看护,防止发生意外。

**病例四**

患者,男性,74岁,有前列腺增生病史5年,近两天排尿不畅加重,今晨突感下腹部胀痛,患者尿意急切,辗转不安,12h未排尿,速来医院就诊。查体可见下腹耻骨上膀胱区膨隆,按压有明显尿意,叩诊呈浊音。

护理问题

1. 尿潴留
2. 疼痛
3. 焦虑

## 讨论与思考

1. 前列腺增生症是男性老年患者的常见病,由之引起的急性尿潴留不乏少见,目前对急性尿潴留的急症处理仍以导尿术为主。

2. 操作前向患者及家属做好解释工作,消除紧张情绪,积极配合。

3. 插管前应先了解患者有无尿道畸形、狭窄、损伤等。前列腺增生的老年患者,尿道前列腺段明显狭窄同时尿道黏膜弹性差,比较薄弱,稍有不慎,很容易引起尿道黏膜的破裂,因此可以选用较小型号的气囊导尿管或弯头气囊导尿管,一般成年男人用16~18号。插管前除按常规润滑尿管外,尿道外口须注入4~5ml消毒液状石蜡,以利于全程润滑,减少插管时的摩擦力。如第一次插管失败后,可取无菌注射器抽取利多卡因3~5ml沿导尿管缓缓推入,待1~2min继续插管。利多卡因能使尿道括约肌松弛,解除尿道痉挛,可减轻插管的痛苦和不适。

4. 膀胱过度膨胀,第一次放出尿不应超过1000ml,以防发生虚脱和血尿。

**病例五**

患者,女,44岁,因车祸伤2h急诊入院治疗。测T 38.9℃,P 136次/分,R 38次/分,BP 75/53mmHg,CVP 0.4kPa。病人极度烦躁、面色苍白、肢体冰凉。自诉全身剧烈疼痛。体检:

全腹明显压痛、反跳痛、腹肌紧张,以左上腹为甚,1h 尿量 7ml。实验室检查:血 WBC $25\times10^9/L$,腹腔穿刺抽出食物残渣和气体,腹部 X 线检查显示膈下游离气体。病人表情极度痛苦,情绪紧张。诊断为胃穿孔、急性腹膜炎、感染性休克。

护理问题

1. 体液不足
2. 气体交换受损
3. 疼痛
4. 体温过高

**讨论与思考**

1. 该患者是因创伤引起的感染性休克,观察监测尿量和尿比重的变化是判断休克能否得到纠正的重要指标之一。若每小时尿量稳定在 30ml 以上,提示休克好转。

2. 该患者病情危重,留置导尿管有利于记录出入量,观察病情的同时保持会阴部皮肤及床铺清洁、干燥,防止压疮的发生。

3. 女病人导尿首次消毒顺序为从上到下、从外到内(阴阜-大阴唇-小阴唇-尿道口),每个棉球只用一次;再次消毒为从内到外再到内(尿道口-小阴唇-尿道口),插入长度为 4~6cm,留置导尿见尿后再插 5~7cm。

4. 留置导尿期间,做好留置导尿管的护理,防止受压、扭曲、堵塞、脱落。

5. 防止逆行感染:每天 1~2 次消毒液棉球擦拭尿道口及外阴;保持尿袋始终低于膀胱位置,及时倾倒尿液,每日更换;每周更换导尿管,硅胶导尿管可酌情延长更换时间。

(易巍陆)

# 项目七 外科洗手、穿无菌手术衣、戴无菌手套+输液泵使用

【临床病例】 患者,男,58 岁,于入院前 24h,在路边餐馆吃饭。半天后,出现腹部不适,呈阵发性并伴有恶心,自服 654-2 等对症治疗,未见好转,并出现呕吐胃内容物、发热及腹泻数次,为稀便,无脓血,体温 37~38.6℃,查粪便常规阴性,按“急性胃肠炎”给予颠茄、小檗碱(黄连素)等治疗。既往有心前区压榨性疼痛史 2 年。晚间 8 时,腹痛加重,伴发热,腹痛由胃部移至右下腹部,仍有腹泻,查血常规 WBC$21\times10^9/L$。查体:T 38.9℃,P 120 次/分,BP 150/100mmHg,全腹压痛以右下腹麦氏点周围为著,无明显肌紧张,诊断:急性阑尾炎。拟入手术室在全麻下行阑尾切除术。作为器械护士应做哪些准备?术中遵医嘱静脉滴注 5% 葡萄糖注射液 500ml+利多卡因 50mg,维持 10h。

【分析导入】

1. 作为器械护士,应立即准备阑尾手术包。

2. 同时进行外科洗手、穿无菌手术衣、戴无菌手套,并在无菌原则下严格操作。

3. 患者既往有心前区压榨性疼痛史 2 年,巡回护士遵医嘱静脉滴注的药物利多卡因 50mg 为抗心律失常药物,需要使用输液泵静脉滴注。输液泵是一种电子调节滴速装置,用于升压药、抗心律失常药、婴幼儿输液和静脉镇痛药等,保证了药物输入剂量的精准性,有效控制输液速度,减少药物的不良反应,防止患者发生异常情况。

【用物准备】

1. 外科洗手、穿无菌手术衣、戴无菌手套　抗菌洗手液、无菌手刷、医用免洗消毒洗手液、洗手设备、无菌小毛巾、盛放污染小毛巾的容器，无菌手术衣包，无菌手套。

2. 输液泵

(1)治疗车上层：治疗盘、按医嘱备药、一次性无菌输液器、一次性无菌注射器(10ml)、皮肤消毒液(安尔碘)、无菌棉签、无菌纱布、医用输液贴、止血带(已消毒)、输液单(卡)、砂轮或砂条、治疗巾、小垫枕、瓶贴、瓶套、弯盘、血管钳、医用免洗消毒洗手液。

(2)治疗车下层：锐器盒、医疗垃圾桶、生活垃圾桶、剪刀。

(3)输液泵、输液架。

【操作流程】

| 项目名称 | 操作流程 | 技术要求 | 人文关怀(护患沟通) | 分值 |
| --- | --- | --- | --- | --- |
| 外科洗手、穿无菌手术衣、戴无菌手套(100分) | 准备 | 护士：换洗手衣裤，衣袖卷至肘上20cm，戴口罩帽子、修剪指甲、去掉饰物等，手臂皮肤无破损、无感染<br>环境：洗手间应清洁，水温、室温适宜，洗手设备完好 | | 5 |
| | 外科洗手 | 洗手：指尖向上清水冲湿手部→前臂→上臂下1/3；用抗菌洗手液按"七步"洗手法洗净手部(图3-13)及上述部位；指尖向上清水冲净<br>注意指尖、甲沟、指缝、指关节等处的清洗 | | 10 |
| | | 刷手：用抗菌洗手液按指尖→甲沟→指缝→手掌→手背→腕部→前臂→上臂下1/3的顺序刷手3min；刷手毕，指尖向上清水冲净<br>注意指尖、甲沟、指缝、指关节等处的刷洗 | | 10 |
| | | 擦手：无菌小毛巾对角折叠成三角形，用不同的三角面分别擦干每一侧的指尖→上臂下1/3的部位<br>注意不可来回折返擦拭 | | 6 |
| | | 涂擦：用医用免洗消毒洗手液涂擦三遍，待干<br>注意涂擦时，手掌对手掌、手背对手掌、指尖对手掌、两手指缝相互对擦；涂擦后，保持屈肘、指尖向上的姿势，以肩背部(或臀部)推门进入手术室，做到无污染 | | 10 |
| | 穿手术衣 | 取衣：从已打开的无菌手术衣包中取出无菌手术衣，看清手术衣的上下面和正反面 | | 5 |
| | | 穿衣：选手术间较空旷处，抓住衣领，正面向外抖开手术衣，将手术衣轻轻向上抛，双手顺势插入袖筒内，两臂向前伸直 | | 10 |

（续　表）

| 项目名称 | 操作流程 | 技术要求 | 人文关怀(护患沟通) | 分值 |
|---|---|---|---|---|
| 外科洗手、穿无菌手术衣、戴无菌手套(100分) | 穿手术衣 | 系背带:巡回护士在穿衣者背后抓住衣领内面,系好背带和领口带 | | 5 |
| | | 系腰带:双手交叉,身体略向前倾,用手指夹起腰带递向后方,由背后的巡回护士接住并系好(图3-14) | | 5 |
| | 戴无菌手套 | 查对、打开手套包:巡回护士检查无菌手套的名称、手套号码、灭菌日期、外包装是否完整干燥;打开外包装,抓取手套袋平放于操作台上,打开,做到无污染 | | 5 |
| | | 涂擦滑石粉:器械护士取出粉包涂擦双手。注意不可在手套袋上方涂擦 | | 5 |
| | | 戴手套:<br>分次取戴手套法 :一手捏住一只手套的反褶部分(即手套内面)取出手套,对准五指戴上;再用戴好手套的手插入到另一只手套的反褶面取出并戴好(图 3-15),方法正确无污染<br>一次性取戴手套法:捏住两只手套的反褶部分同时取出手套,将两只手套的五指对齐,先戴一只手,再以戴好手套的手插入到另一只手套的反褶面依照同法戴好(图 3-16),做到无污染 | | 12 |
| | | 调整:用一只手除拇指以外的四根手指插入到另一只手套的反褶内面,将无菌手套的反褶部分翻开,包套住手术衣的袖口,依照同法套好另一只手的反褶部分;轻轻推搓手套,使之与手贴合;用无菌水冲净手套上的滑石粉 | | 6 |
| | | 脱手套:手术毕,一手捏住手套反折部分的外面,翻转脱下;脱下手套的手再伸入到另一只手的手套内,将其翻转脱下;两只手套内面向外弃入医用污物桶 | | 6 |
| 术中,巡回护士遵医嘱采用输液泵为患者静脉滴注 5% 葡萄糖注射液 500ml+利多卡因 50mg | | | | |
| 输液泵静脉滴注(图3-17)(100分) | 准备 | 护士:仪表规范得体,洗手、戴口罩<br>环境:环境整洁,光线充足 | | 6 |
| | 准备药液 | 核对输液卡、瓶签、输液记录单,遵医嘱备药同“静脉输液” | | 10 |
| | 核对评估 | 核对患者腕带、输液卡、瓶签、输液记录单;评估同“静脉输液” | | 4 |
| | 固定 | 将输液泵固定在输液架上,接通电源,打开电源开关(图 3-18) | | 5 |

（续　表）

| 项目名称 | 操作流程 | 技术要求 | 人文关怀（护患沟通） | 分值 |
| --- | --- | --- | --- | --- |
| 输液泵静脉滴注（图3-17）（100分） | 排气 | 按“静脉输液”将输液管及头皮针内空气排净 | | 5 |
| | 输液管放入输液泵 | 打开“泵门”，输液管茂菲滴管下段输液管放入输液泵的管道槽中，关闭“泵门” | | 6 |
| | 设定 | 按医嘱要求设定每毫升滴数、每小时入量及输液总量 | | 6 |
| | 二次核对 | 核对患者腕带、输液卡、瓶签、输液记录单 | | 4 |
| | 穿刺 | 按“静脉输液”穿刺静脉；成功后固定好针头；将头皮针与输液泵内的输液管连接；确定输液泵设置无误后，按压“开始”键，开始输液 | | 16 |
| | 三次核对、记录 | 核对患者腕带、输液卡、瓶签、输液记录单<br>记录滴速、输液时间、执行者等 | | 5 |
| | 巡视观察 | 注意观察输液过程中出现的下列情况，如输液完毕、输液管内有气泡、针头阻塞、压力过低或开“泵门”等，输液泵均会自动报警 | | 5 |
| | 术后1h，患者意识恢复，护送其回病房 | | | |
| | 床头交接 | 与病区责任护士交接患者 | | 2 |
| | 告知注意事项、呼叫器放手边 | 病区责任护士告知患者及家属不得搬动及调节输液泵，如有不适及输液泵报警应及时告知 | 伯伯，呼叫器放在枕边了，在输液过程中请不要随意搬动输液泵，如果出现输液部位肿胀、感到心慌不适及输液泵报警，请您一定要及时呼叫我，我也会经常来看您的。谢谢您的配合 | 6 |
| | 6h后，药物滴注完毕 | | | |
| | 关闭输液泵、拔针 | 当输液量接近预先设定的“输液量”时，“用量显示”键闪烁，提示输液结束，为患者拔针、按压穿刺点；同时关闭“停止”键，停止输液，关闭电源，关闭输液泵 | 伯伯，请告诉我您的床号和姓名？我核对过了，您今天的液体已经全部输完了，我来给您拔针……请您按压针眼儿直到不出血为止 | 8 |
| | 整理床单位，清理用物 | 协助患者取舒适体位；整理床单位；打开“泵门”，取出输液管，消毒处理输液泵；其他用物同“静脉输液”分类处理 | 请问您这样躺还舒适吧？如有其他不适和需要请呼叫我，我会经常来看您的，您好好休息 | 8 |
| | 洗手记录 | 同“静脉输液” | | 4 |

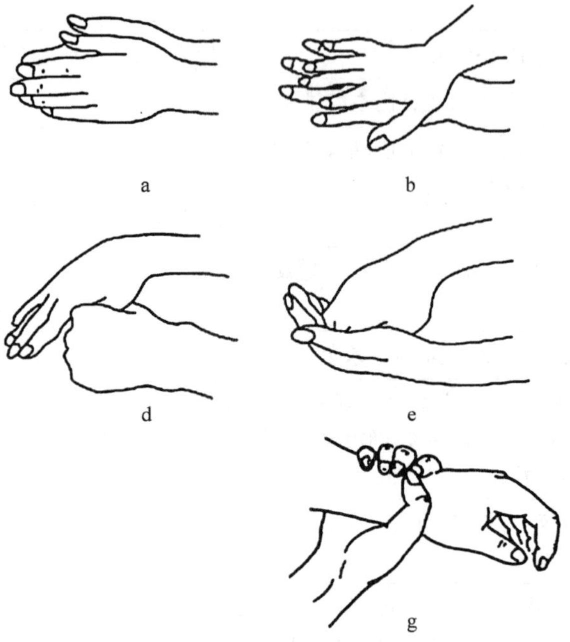


图 3-13 七步洗手法

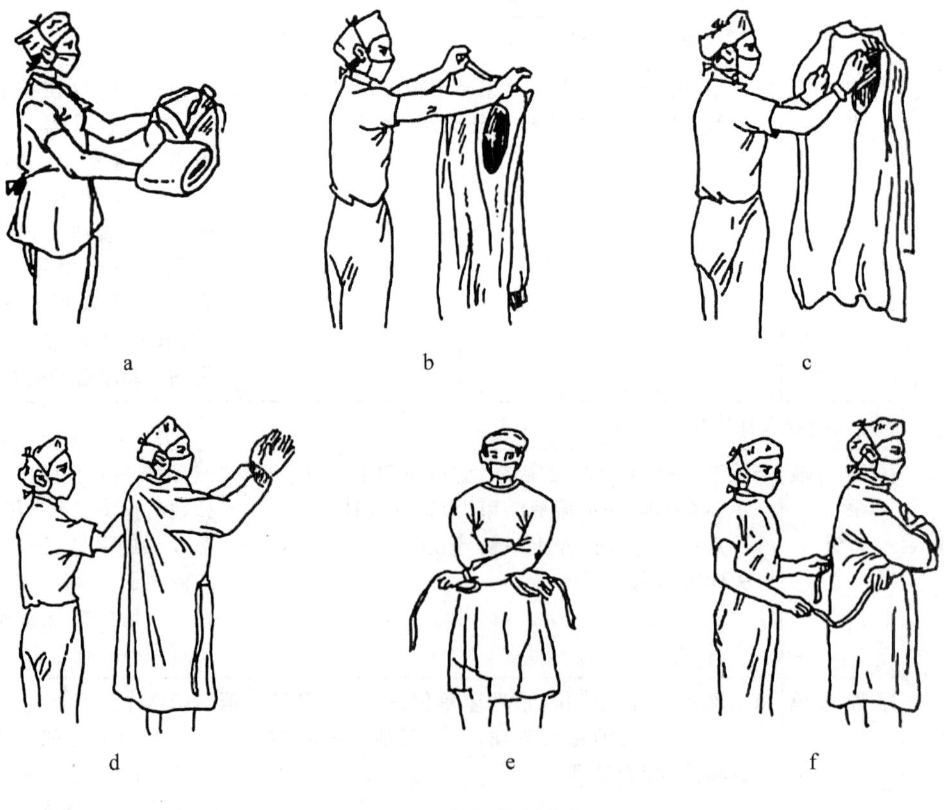


图 3-14 穿无菌手术衣

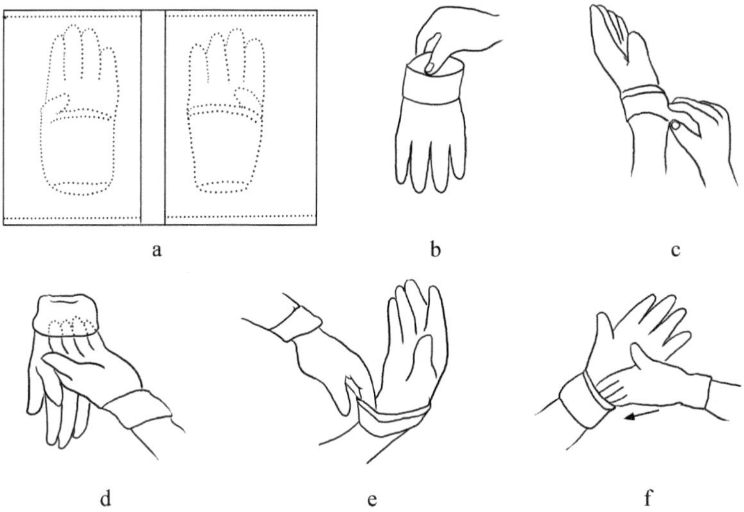


图 3-15　分次提取法戴手套

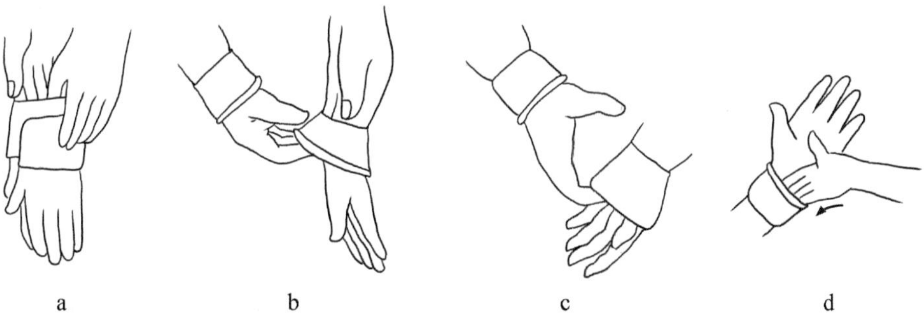


图 3-16　一次性提取法戴手套

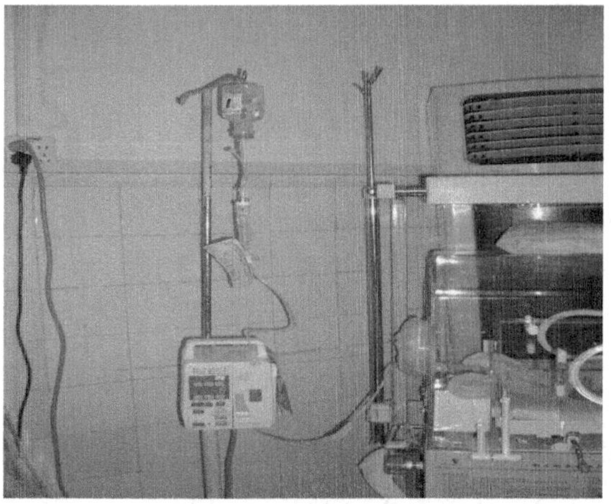

图 3-17　输液泵输液方法

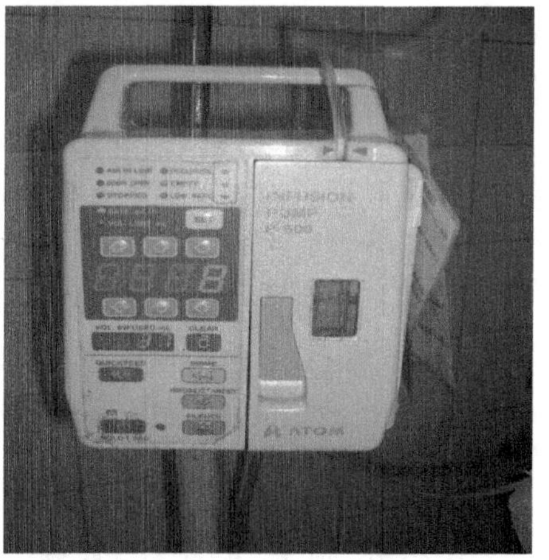


图 3-18　输液泵固定方法

【相关病例讨论】

**病例一**

患者，女，53岁，因“反复右上腹疼痛4年，复发20d”入院。查体：T 37.4℃，P 80次/分，R 21次/分，BP 120/90mmHg，皮肤巩膜无黄染，心肺无异常。B超提示：胆囊液性腔消失，胆囊区见一“弧形”强回声带，肝内胆管无扩张。今日在全麻下行腹腔镜胆囊切除术。术中，由于天气炎热，主刀医生出汗浸湿了手术衣，作为巡回护士应如何处理？

### 讨论与思考

1. 因手术衣浸湿或破损视为污染，必须及时更换，否则违背无菌原则，故巡回护士在发现主刀医生手术衣被汗水浸湿时，应立即提醒其更换新的无菌手术衣。

2. 更换手术衣的方法

(1)巡回护士将操作者的手术衣衣带解开后，操作者一手捏住手术衣的对侧肩部脱下，然后用另一手按同法脱下另一侧。

(2)脱手套，注意双手皮肤不得接触手套的外部及其他物品，以免污染，若双手已污染，必须重新实施外科洗手。

(3)按正确方法重新穿无菌手术衣、戴无菌手套。

**病例二**

手术室器械护士小丁参加一台胫骨骨折切开复位手术后，急诊送来了一位从高空坠下导致胸部外伤的工地工人，护士长安排小丁连台手术，她将如何洗手、穿手术衣？

### 讨论与思考

1. 首先，由巡回护士解开手术衣的腰带及领口带。

2. 接着，脱掉手术衣。有两种方法，具体如下。

(1)第一种方法：由巡回护士将护士小丁手术衣的两侧肩部向肘部翻转，再捏住衣袖的内面自肘部向手部扯下，手套的反褶部分翻转在手上。

(2)第二种方法：护士小丁一手抓住对侧手术衣的肩部，从上向下拉下手术衣的衣袖，使其内面向外，同法脱下另一侧，之后全部脱下，并将手术衣内面向外，以免手术衣的外面污染手臂和洗手衣。

3. 然后，脱掉手套。先用戴手套的手，捏住另一手的手套外面将其脱下，再用已脱手套的手，捏住未脱手套的内面脱下。注意手部皮肤不得接触手套的外面。如前一台手术为污染手术、手套已破损或手部皮肤已污染，这三种情况都必须重新实施外科洗手；如前一台手术不是污染手术，但手套已破损或手部皮肤已污染，这两种情况必须重新实施外科洗手；如前一台手术不是污染手术，手套未破损或手部皮肤未污染，不必重新实施外科洗手，但须用消毒液涂擦双手。

4. 最后，按照正确方法重新穿无菌手术衣、戴无菌手套。

**病例三**

患者，女，49岁，患有子宫肌瘤，近半年以来，月经量逐渐增多，经期延长12d左右，阴道断续出血，白带有异味，准备行子宫全切术。术前，病区责任护士小刘负责为患者做术前准备。由于没有严格无菌技术操作原则，小刘在实施留置导尿术时不慎污染了无菌手套。子宫全切术后 4d，患者出现尿频、尿急、尿痛，查体：T 38.6℃，P 84 次/分，R 18 次/分，BP 116/88mmHg，病人自患病以来由于尿路刺激症状而出现精神紧张、睡眠欠佳。经泌尿科医生会诊，予以尿常规检查：白细胞 27 个/HP，诊断为“尿路感染”。

护理问题：

1. 排尿异常
2. 焦虑
3. 体温过高

## 讨论与思考

1. 为该患者实施留置导尿的目的是避免手术中误伤膀胱。

2. 该患者出现尿路感染与责任护士小刘进行留置导尿时污染手套有关，没有做到严格无菌操作，工作态度不严谨，为患者增加了痛苦。

3. 针对该患者术后应采取的护理措施

(1) 卧床休息，卧位采取屈曲位，尽量不要站立或坐位。

(2) 鼓励患者放松心情，保持心情愉快。

(3) 饮食宜清淡，禁忌辛辣刺激食物，多饮水，勤排尿。

(4) 密切观察体温，若体温>38.5℃，应采取物理方法降温，必要时遵医嘱服用退热药。

**病例四**

患儿，男，13 个月，10kg，腹泻 1d 入院。查体：T38.6℃，意识清，精神不振，皮肤弹性下降，口唇干燥，尿量减少，粪便呈蛋花样。实验室检查：血常规 WBC $9\times10^9$/L，粪常规+轮状病毒(+)，血钠 135mmol/L，临床诊断为“小儿秋季腹泻”。遵医嘱，扩容及抗病毒药物输液泵静脉滴注。1h 后，输液泵报警，护士小李发现液体不滴，穿刺部位有肿胀、无回血。

护理问题：

1. 腹泻
2. 营养失调
3. 体液不足

## 讨论与思考

1. 采用输液泵为患儿输液是为了有效地控制输液速度。同时，保证升压、抗心律失常、镇痛等药物输入剂量的准确性，以减少药物不良反应等异常情况的发生。

2. 输液泵报警，液体不滴，穿刺部位无回血、有肿胀，说明针头滑出血管外，应当及时更换无菌头皮针，在另一侧手臂重新穿刺。

3. 患儿穿刺部位有肿胀，无回血，说明液体滴注到皮下组织，护士可使用温水(水温以不烫手腕内侧皮肤为宜)对患儿实施局部热敷消肿镇痛。

(袁　征)

# 项目八　胃肠减压+换药

【临床病例】　患者,男性,40 岁,出租车司机。反复发作上腹痛 5 年余,突发剧烈腹痛 3h。患者 5 年来常感上腹痛,寒冷、情绪波动时加重,有时进食后稍能缓解。3h 前进食并饮少许酒后,突然感到上腹刀割样剧痛,随即波及全腹,呼吸时加重。查体:T38℃,P 96 次/分,R 20 次/分,BP 90/60mmHg。屈膝位不断呻吟,全腹压痛、反跳痛阳性,呈板状腹,肝浊音界缩小,肠鸣音弱。辅助检查:Hb 120g/L, WBC $13\times10^9$/L, $K^+$ 4. 0mmol/L, $Na^+$ 135mmol/L, $Cl^-$ 105mmol/L。立位腹部 X 线片:右膈下可见游离气体。经检查诊断为急性弥漫性腹膜炎,胃十二指肠溃疡穿孔。医嘱:禁食、胃肠减压、抗感染、抗休克治疗。经 2d 非手术治疗,患者病情未见好转,行穿孔修补术。术后第一天检查伤口敷料,发现有中等量的渗血、渗液。护士如何为患者实施术前胃肠减压和术后伤口换药。

【分析导入】

1. 有效的胃肠减压可减少胃液自穿孔处继续外漏,使胃处于排空状态,有助于穿孔的愈合。

2. 通过观察抽出胃液的颜色,有助于判断胃内有无出血情况,若有大量出血,可经胃肠减压管灌注加有去甲肾上腺素的冰生理盐水,使血管收缩达到止血目的。

3. 观察胃管是否通畅,发现胃管内有凝血块或食物堵塞时及时用注射器抽出,生理盐水 10~20ml 反复冲洗胃管致其通畅。

4. 患者病情较重,情绪不稳定,插管会给其带来一定的痛苦,护士应耐心做好解释工作,取得患者的配合,提高插管的成功率。

5. 护士应仔细讲解放置胃管的作用及留置时间,取得患者的合作。防止其自行拔管,防止重复插管给患者造成痛苦和不良后果。

6. 该患者伤口有渗血、渗液,换药的目的是清洁伤口,防止感染,促进伤口愈合。

7. 手术后前几天,伤口的生长主要是肉芽组织的生长,它需要的是比较湿润的环境,所以开始几天敷料可以多用几层,保持创面相对湿润。

【用物准备】

1. 胃肠减压　无菌治疗盘内盛治疗巾、弯盘、胃管、治疗碗、持物钳 2 把、纱布、小药杯、液状石蜡、20ml 或 50ml 注射器 1 支、生理盐水、棉签、胶布、听诊器、手电筒及安全别针。一次性手套、消毒液,负压引流盒或胃肠减压器。

2. 换药　换药碗 2 只,镊子 2 把,棉球、生理盐水、70% 乙醇、纱布,棉垫、胶布、创口需要加用油纱布、纱布条、引流药、外用药、橡胶单及治疗巾(或一次性垫巾)。

【操作流程】

| 项目名称 | 操作流程 | 技术要求 | 人文关怀(护患沟通) | 分值 |
| --- | --- | --- | --- | --- |
| 胃肠减压(100 分) | 核对<br>解释<br>评估 | 核对患者<br>解释插管目的和方法<br>评估患者病情及配合程度、既往插管经历<br>评估鼻腔、口腔情况 | 您好,您是×床××吗？我看一下您的腕带。根据您病情的需要,我要给您插根胃管,就是将一根软管经鼻腔插入胃内,帮助缓解您胃痛、胃胀的症状。您以前置过胃管吗？我来检查一下您的鼻腔,有义齿吗？我先去准备物品,请稍等 | 10 |
|  | 安置体位 | 携用物至患者床旁再次核对<br>协助患者取半坐卧位<br>洗手、戴口罩<br>将治疗巾铺于病人颌下并放好弯盘 | 我把床给您摇高些,就这样半坐位,行吗<br>给您铺个垫巾,别紧张 | 8 |
|  | 清洁<br>量长<br>润管 | 清洁一侧鼻腔<br>测量插管长度(45~55cm)并做标记<br>讲解插管时患者配合方法<br>润滑导管前端(15~20cm) | 给您清洁一下鼻孔<br>您看,这就是胃管。当插到咽喉部时,会有些恶心,请深呼吸并做吞咽动作,如不能忍耐请用手示意我 | 12 |
|  | 插管 | 自鼻孔轻轻插入至咽喉部(10~15cm)时,嘱患者吞咽<br>昏迷患者插管方法(图 3-19)<br>继续插入至预定长度 | 请像吞东西一样做吞咽动作,很好,继续<br>如出现呛咳、呼吸困难、发绀等现象立即停止插入,拔出胃管,休息片刻再插入 | 10 |
|  | 检查<br>固定 | 检查口腔内有无胃管盘曲<br>初步固定胃管于鼻翼两侧<br>检查胃管是否在胃内:三种方法(示范其中一种方法,其余口述)<br>再次固定胃管于面颊部 | 管子插进去了,您张嘴我检查一下,管子没有盘在口腔里,您配合得很好<br>我给您固定一下 | 8 |
|  | 连接 | 调节负压引流装置的压力<br>胃管末端连接负压引流装置(图 3-20、图 3-21),放置妥当<br>用安全别针固定胃管在床单或衣领处 | 压力给您调节好了,请您和家人不要随便动它<br>活动时注意保护好胃管 | 8 |

（续 表）

| 项目名称 | 操作流程 | 技术要求 | 人文关怀(护患沟通) | 分值 |
|---|---|---|---|---|
| | 整理嘱咐 | 安置患者于舒适体位<br>嘱患者注意事项<br>放呼叫器于易取处<br>整理床单位<br>整理用物 | 您在翻身和活动时避免胃管受压、反折和脱出，变换体位的时候动作要轻，减轻管子对咽喉部的刺激。在这期间禁食禁水，如果感到口干，可用清水漱口。呼叫器放在您枕边了，有事随时叫我，我也会经常来看您的 | 8 |
| | 核对记录 | 再次核对<br>洗手，记录插管时间 | 您是×床××吧？谢谢您的配合，好好休息 | 3 |
| | 用物处理 | 用物分类处理正确<br>洗手、摘口罩 | | 3 |
| 患者术后第3天，胃肠蠕动恢复，无明显腹胀，根据医嘱拔除胃管 | | | | |
| | 拔出胃管 | 核对解释<br>将治疗巾铺于病人颌下并放好弯盘，去胶布，戴手套<br>在患者呼气末拔出，至咽喉处快速拔出<br>协助患者漱口<br>用松节油清除胶布痕迹<br>撤去用物放置正确<br>安置、嘱咐病人<br>洗手，记录拔管时间<br>用物分类处理 | 经过这几天的治疗，您的病情有所好转，胃肠蠕动也已经恢复，根据医嘱，给您拔除胃管<br>请您准备好，呼气，屏气。您配合得很好！<br>您感觉如何？呼叫器放在您枕边了，有事随时叫我，我也会经常来看您的 | 30 |
| 术后第一天患者伤口有渗血渗液，更换敷料 | | | | |
| 换药(100分) | 核对解释评估 | 核对患者<br>解释目的<br>评估患者伤口情况、配合程度<br>评估操作环境、调节室温 | 您好，您的伤口有些渗液，需要更换一下敷料，我去准备物品，请稍等 | 10 |
| | 安置体位 | 携用物至患者床旁再次核对<br>屏风遮挡<br>协助患者取仰卧位，暴露伤口，注意保暖<br>身下铺橡胶单及治疗巾(或一次性垫巾) | 给您垫个小垫巾，您这个姿势可以吗？如没有不适，请保持这个姿势 | 10 |
| | 揭除敷料 | 洗手，戴口罩<br>手朝伤口方向揭去皮肤上的胶布<br>取下外层敷料，将污染敷料内面向上放于弯盘中(伤口有血液或渗出时戴手套取下)<br>再用镊子揭下内层敷料(如有粘连，用盐水浸湿后揭下)<br>观察伤口及敷料 | 我先为您揭去敷料，可能会有些疼，我会轻些的<br>如果有心慌等不适感觉请马上告诉我 | 25 |

（续　表）

| 项目名称 | 操作流程 | 技术要求 | 人文关怀(护患沟通) | 分值 |
|---|---|---|---|---|
| | 清理伤口 | 用75%乙醇(或0.5%碘伏)棉球由内向外消毒伤口周围皮肤2~3次(两把镊子使用正确)<br>生理盐水轻拭伤口 | 我为您清洗伤口,稍有点疼,忍耐一下,我会轻点 | 25 |
| | 换新敷料 | 敷以无菌纱布或适当安放引流物(根据不同伤口放凡士林纱布条、橡皮片或橡皮引流管)<br>纱布覆盖伤口处,必要时加棉垫<br>用胶布(胶布粘贴方向应与肢体或躯体长轴垂直)妥善固定 | 伤口敷料换好了,还疼吗?请注意保护,不要人为污染和脱落 | 20 |
| | 整理嘱咐 | 撤去用物放置正确<br>协助患者置于舒适卧位<br>嘱患者可适当进行床上活动<br>开窗通风 | 谢谢您的配合,您先休息,我过会儿来看您 | 5 |
| | 核对记录 | 再次核对<br>洗手记录 | | 5 |

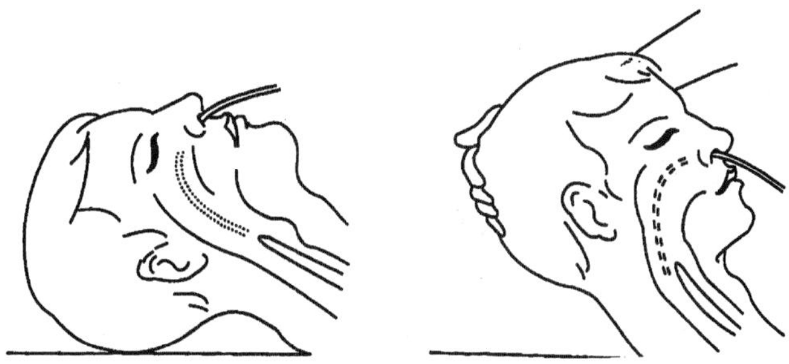

a. 开始插胃管头后仰　　b. 胃管插至15cm抬高头部

**图 3-19　昏迷病人插鼻胃管法**

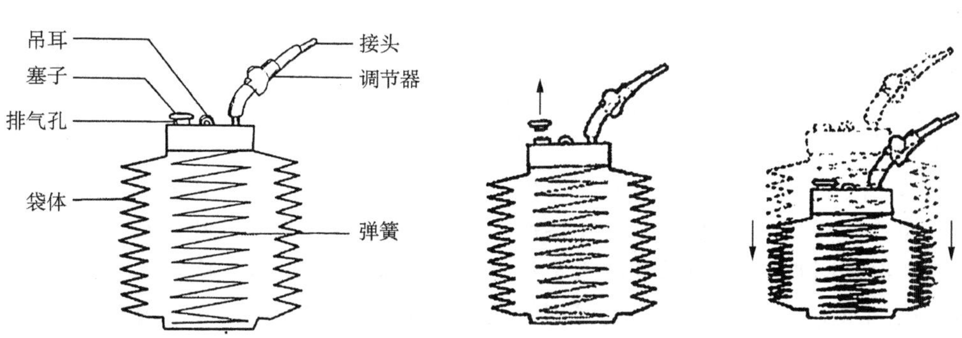


**图 3-20　一次性胃肠减压引流袋**

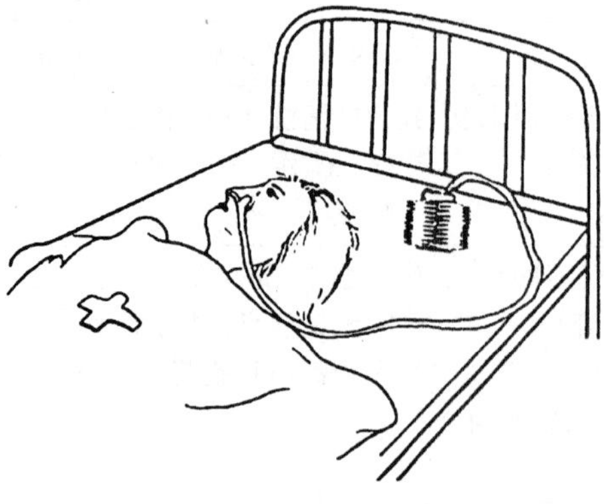

图 3-21 胃肠减压袋与胃管连接

【相关病例讨论】

**病例一**

患者,男,42 岁,病人因进食油腻食物后上腹部疼痛 4h 伴频繁呕吐急诊就医。查体:T 36.8℃,P 90 次/分,R 22 次/分,BP 110/80mmHg。上腹部压痛,以左上腹明显,腹部移动性浊音阳性,肠鸣音弱。实验室检查:血淀粉酶、尿淀粉酶升高,白细胞数量轻度增高;腹部 B 超提示胆囊壁光滑,囊内无异常回声,胆总管不扩张,胰腺肿大,轮廓不规则,胰腺周围有不规则液性暗区;腹部 CT 检查胰腺体积明显增大,密度下降,诊断:急性胰腺炎。

护理问题

1. 疼痛
2. 有体液不足的危险
3. 营养失调

## 讨论与思考

1. 急性胰腺炎非手术治疗的首要措施禁食、持续胃肠减压。

2. 胃肠减压的作用是减轻患者呕吐、腹痛、腹胀;减少胰液分泌;降低胰管内压力,利于胰液排泄。

3. 做好胃肠减压期间的护理

(1)妥善固定胃管防止扭曲,翻身时注意勿牵扯胃管,防止其上下移动或脱出,以减少胃管对咽喉部的机械性刺激。

(2)在插管期间患者会出现咽喉干燥、疼痛,鼓励患者用清水漱口,自己刷牙,保持口腔湿润和清洁。

(3)观察引流液的性质、颜色、量,每天更换负压吸引袋;定期更换胃管,普通胃管每周更换一次,硅胶胃管每月更换一次。

(4)胃管的刺激以及晚间易出现饥饿感和口干舌燥等,使患者难以安静入睡。各种治疗、护理、操作等需合理安排,尽量集中进行,减少对患者的干扰。

(5)患者发音时可加重胃管对咽部的刺激,咽部不适感增加,为减轻或避免不适,患者语言表达能力受限。护理人员应细心观察患者的表现,满足患者的需要。

**病例二**

患者,男,64 岁,因恶心呕吐、腹胀痛、肛门停止排气排便 4d 入院。患者于两年前行胃部分切除术,术后一年内偶有腹痛,近一年疼痛次数增加,口服一些顺气药好转。4d 前无明显诱因再次腹痛,时轻时重,在村里治疗两天不见好转。入院时查体:腹部略膨隆,可见明显肠型及胃蠕动波,脐周及上腹部压痛。听诊:脐周闻及高调肠鸣音,腹部透视示上腹部有液平,提示肠梗阻。入院后给予禁食,持续胃肠减压,抗生素治疗,静脉补液,纠正水、电解质紊乱等治疗。

护理问题

1. 体液不足

2. 疼痛
3. 腹胀

## 讨论与思考

1. 胃肠减压是治疗肠梗阻的重要措施之一，持续实行胃肠减压，吸出胃肠道内的积气积液，减轻腹胀、降低肠腔内的压力，改善肠壁的血液循环，有利于改善局部和全身状况。

2. 胃肠减压期间注意观察和记录引流液的颜色、性状和量，如发现有血性液，应考虑有绞窄性肠梗阻的可能。

3. 缓解腹胀除行胃肠减压外，可热敷或按摩腹部、针灸双侧足三里穴；如无绞窄性肠梗阻，也可从胃管注入液状石蜡，每次 20～30ml，可促进肠蠕动。

**病例三**

患者，女，63 岁，糖尿病 10 余年，一次外出旅游回来，发现右足外侧小足趾有一处1cm×2cm 大小的一处浅表溃疡，当时没有太在意，贴了一个创可贴，两天后伤口不见好转，而且还有感染的迹象，故来医院就诊。检查发现患者局部皮肤充血、肿胀，主诉伤口有刺痛、烧灼感。

护理问题

1. 皮肤完整性受损
2. 有感染的危险
3. 疼痛

## 讨论与思考

1. 该患者已经出现糖尿病足的早期症状，如不及时加以治疗控制，感染很可能会迅速发展，而且很难控制，预后不容乐观。

2. 糖尿病足的治疗中很重要的一项就是伤口换药，换药的原则可概括如下。

(1) 局部应用碘伏、乙醇消毒，喷洒抗生素等。

(2) 尽量祛除局部水肿、引流出分泌物，必要时外科切开脓肿引流，同时敷料不要包得太紧，影响血供。

(3) 尽量把坏死组织、死骨等切除干净，把局部脓液等分泌物清理掉，露出新鲜肉芽组织，可用含分解酶的生物活性敷料，促进坏死组织自溶。

(4) 治疗一段时间后，坏脚皮温下降、水肿消退、伤口干燥后，可用含表皮生长因子的敷料继续换药，也可局部喷洒 654-2、胰岛素等，同时切除干痂和不规则骨突出物，缝合皮肤或移植皮瓣等。

**病例四**

患者，男，32 岁，周末与朋友到郊区登山，下山时不幸从山坡上滑落，由于正值夏季，衣裤穿着较少，导致右侧肢体多处擦伤，创面有不同损害伴渗血渗液。针对此类伤口应如何处理？

护理问题

1. 皮肤完整性受损
2. 疼痛
3. 有感染的危险

## 讨论与思考

1. 针对缺损区应用生理盐水反复冲洗。

2. 周围可用碘伏常规消毒。

3. 消毒后，用生理盐水纱布或凡士林纱布覆盖，盐水纱布有利于保持创面的新鲜、干燥，凡士林纱布有利于创面的肉芽生长。

（易巍陆）

# 第 4 章

# 生活支持护理技能

**学习要点**

生活支持护理技能是满足病人最基本生活需求的技能，目的是使病人清洁舒适，预防并发症的发生，促进病人早日康复。主要有为病人进行口腔护理、皮肤护理、生活不能自理的病人更换床单等操作。

## 项目九　口腔护理+压疮的预防和护理+卧有病人床更换床单法

【临床病例】　患者，女，70 岁，因头晕、干活时突然跌倒，后背着地，自觉左侧肢体无力，来院就诊。查体：患者神志模糊，反应迟钝，左侧鼻唇沟变浅，伸舌偏左，左侧肢体肌张力减退，无视物不清，无四肢抽搐，无恶心呕吐，诊断为脑梗死。现患者肢体活动受限，生活不能自理。请护士根据患者的情况做好生活护理。

【分析导入】

1. 病人生活不能自理，需做口腔护理，保持口腔清洁，预防口腔感染。
2. 患者为老年人，皮肤弹性差，且左侧肢体活动受限，容易发生压疮。
3. 协助病人翻身，减少局部皮肤长期受压。
4. 观察局部受压情况，并对受压处皮肤进行按摩，促进血液循环，防止压疮发生。
5. 患者卧床，需更换清洁的被服，使病床整洁，患者睡卧舒适。

【用物准备】

1. *口腔护理*　治疗车、洗手液、治疗盘、治疗碗、无菌棉球、漱口液、镊子、血管钳、弯盘、压舌板、纱布、治疗巾、手电筒、漱口杯内备温开水及吸水管、棉签，必要时备液状石蜡和外用药。

2. *压疮的预防和护理*　翻身记录卡、50% 乙醇、温水、毛巾、大毛巾。

3. *卧有病人床更换床单法*　床刷及套、大单、中单、被套、枕套、清洁衣裤（必要时准备便盆）、扫床车。

【操作流程】

| 项目名称 | 操作流程 | 技术要求 | 人文关怀(护患沟通) | 分值 |
|---|---|---|---|---|
| 口腔护理(100分) | 核对解释评估 | 备齐用物至患者床旁,核对患者床号,姓名,查看腕带评估患者口腔情况,向患者解释并取得合作 | 您好,我是您的责任护士××,请问您的床号和姓名?让我看一下您的腕带?现在我来给您做口腔护理,会使您舒服些,还能增加食欲,预防口腔感染,您能配合我吗 | 10 |
| | 安置体位 | 协助患者仰卧,头侧向护士,铺治疗巾,放置弯盘(图4-1) | 来,头偏向我这边,这样可以吗 | 5 |
| | 协助漱口 | 湿润口唇,协助患者漱口,吐至弯盘内 | 先吸口水,漱漱口 | 10 |
| | 擦洗口腔 | 清点棉球数。一手持镊夹取棉球,另手持钳协助绞干棉球<br>嘱患者咬合上下齿,压舌板撑开左侧颊部<br>纵形由内向外擦牙外侧面<br>同法擦右侧<br>嘱患者张口,擦左上内侧面→左上咬合面→左下内侧面→左下咬合面→左侧颊部<br>同法擦右侧<br>擦硬腭、舌上面、舌下面 | 请咬紧牙齿,给您擦牙齿外面<br>请张开口,给您擦洗牙齿的内面<br>现在给您擦洗腭部和舌头,稍有点恶心,请您再坚持一下 | 45 |
| | 漱口涂药 | 检查口腔<br>协助患者漱口,擦净口唇<br>酌情涂药于患处 | 口腔已擦洗干净,请您再吸水漱漱口 | 15 |
| | 安置整理 | 撤弯盘、治疗巾,协助患者取舒适体位,整理床单位<br>清点污棉球,整理用物 | 口腔护理做好了,感觉怎么样?舒服些了吧 | 10 |
| | 嘱咐、记录 | 嘱咐<br>洗手,记录 | 呼叫器放在这儿了,有事请按铃。谢谢您的配合,我也会经常来看您 | 5 |
| 由于患者长期卧床,需要对患者做好压疮的预防和护理 | | | | |
| 压疮的预防和护理(100分) | 核对解释评估 | 备齐用物至患者床旁,核对患者;评估合作程度、营养状况、活动能力、自理程度、皮肤情况;解释目的,配合方法 | 请告诉我您的床号和姓名?今天感觉怎么样?让我看一下您背部的皮肤,一会我给您按摩一下背部,这样可以促进血液循环,防治压疮的发生,请配合我好吗 | 10 |
| | 环境准备 | 调节室温;屏风遮挡;调整病床高度;放下近侧床档 | | 5 |

（续　表）

| 项目名称 | 操作流程 | 技术要求 | 人文关怀（护患沟通） | 分值 |
|---|---|---|---|---|
| 压疮的预防和护理（100 分） | 观察<br>清洁 | 协助患者翻身侧卧［患者远侧手臂曲肘放于头侧，近侧手臂搭在对侧肩部，双腿屈膝，护士双手分别放于肩部和臀部（图 4-2）］，暴露背部，观察背部皮肤情况，盖上大毛巾<br>调节水温，用毛巾依次擦净病人颈部、肩部、背部及臀区 | 我帮您翻个身，背朝向我。这样感觉怎么样？有什么不舒服请告诉我 | 20 |
| | 按摩背部 | 全背按摩：蘸少许 50% 乙醇从骶尾部开始沿着脊柱两侧向上按摩，至肩部时用环状动作，然后向下按摩至腰部、骶尾部，反复数次，再用拇指指腹由骶尾部沿着脊柱向上至第 7 颈椎（图 4-3）<br>局部按摩：蘸少许 50% 乙醇，以手掌大小鱼际肌紧贴皮肤，向心方向，由轻至重，由重至轻按摩，每个部位每次 3～5min。擦干皮肤，必要时涂润肤油 | 力度可以吧，坚持得住吗？马上就好了<br>如果觉得不舒服，就告诉我 | 40 |
| | 安置整理 | 协助患者穿衣（先穿患侧，后穿健侧），取舒适卧位，盖上盖被，整理床单位 | 您平时要注意勤翻身，我们也会定时给您按摩的 | 20 |
| | 洗手、记录 | 洗手，在翻身卡上记录病人背部皮肤情况及反应 | 谢谢您的配合，好好休息 | 5 |
| 为保证患者清洁、舒适，现为卧床患者更换床单 | | | | |
| 卧有病人床更换床单法（100 分） | 核对<br>解释<br>评估 | 备齐用物至患者床旁，核对患者；评估更换卧位能力、伤口情况；解释目的，取得配合 | 请告诉我您的床号和姓名？<br>床单脏了，为了使您更舒服些，现在给您换一套干净的，您配合一下，好吗 | 10 |
| | 安置用物 | 根据病人病情放平床尾及床头支架；调整病床高度；移开床旁桌椅 | | 5 |
| | 安置体位 | 协助病人翻身侧卧，背向护士，枕头和病人一起移向对侧 | 请把双手放在胸前，双腿弯曲，我帮您翻个身，背朝向我。这样躺着感觉怎么样？有什么不舒服吗 | 5 |
| | 卷单扫单 | 松开近侧各层被单，将中单向上卷至中缝，压在病人身下，扫净橡胶单，搭于病人身上，同法将大单卷至病人身下；扫净床褥（图 4-4） | | 10 |
| | 铺近侧清洁单 | 近侧清洁的各层床单按铺床法铺好，对侧的大单、中单塞于污染单的下面 | | 10 |
| | 翻身换单 | 协助病人翻身侧卧于铺好的一侧，护士转至对侧，将污大单、中单卷至床尾，放于护理车下层，扫净床褥，按铺床法依次拉出铺好大单、橡胶单、中单，协助病人平卧于床中间 | 您向右侧翻身，很快就好，再坚持一会儿 | 20 |

（续　表）

| 项目名称 | 操作流程 | 技术要求 | 人文关怀(护患沟通) | 分值 |
|---|---|---|---|---|
| 卧有病人床更换床单法(100分) | 更换被套 | 将清洁的被套铺于污盖被上,打开被尾 1/3<br>将棉胎在污被套内竖叠三折后按"S"形折叠拉出,套入清洁的被套内;再同备用床法套好被套<br>撤去污被套,放于护理车下层;根据需要更换病人衣服 | 被套也换一下 | 20 |
| | 更换枕套 | 取出枕头,换枕套,拍松,放于病人头下 | 再帮您换一下枕套 | 10 |
| | 整理嘱咐 | 帮助病人取舒适卧位,将桌、椅归还原处,整理床单位;根据需要支起床头及床尾支架;洗手,观察、询问感受 | 我已经帮您换好了,这样躺着舒服吗?有需要请按铃,我也会经常来看您的,打扰您休息了 | 10 |

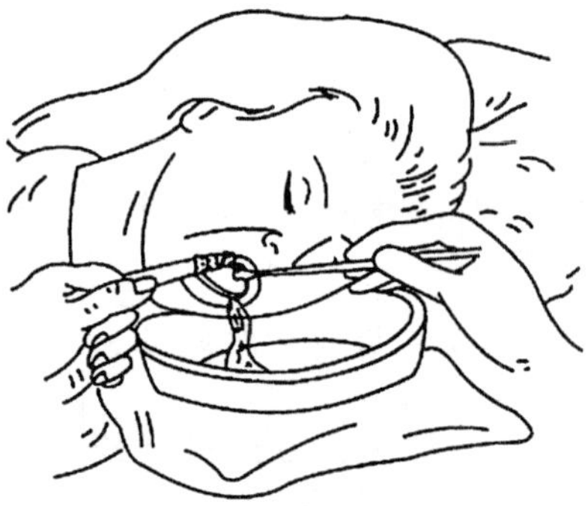

图 4-1　口腔护理

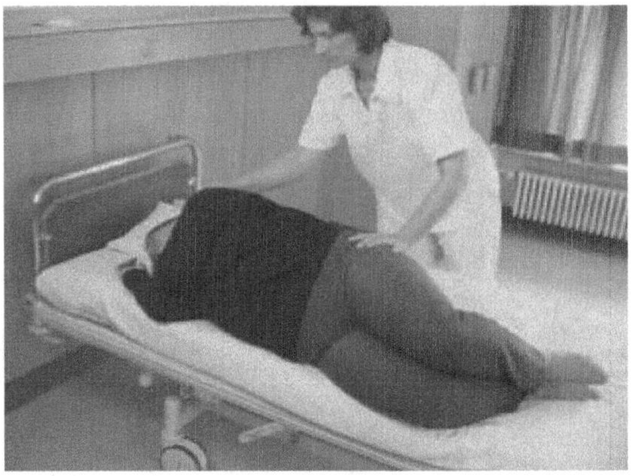

图 4-2　翻身侧卧

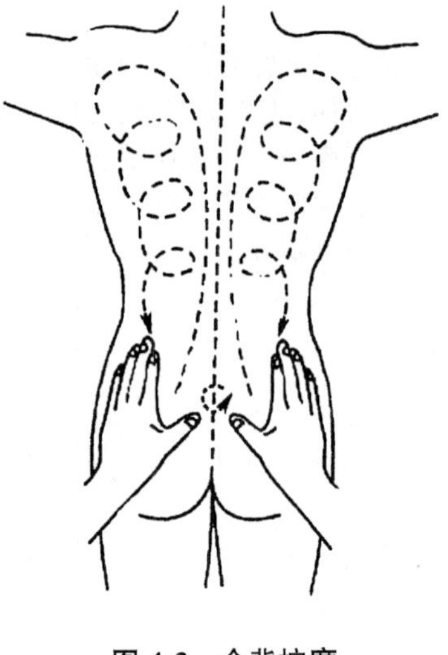

图 4-3　全背按摩

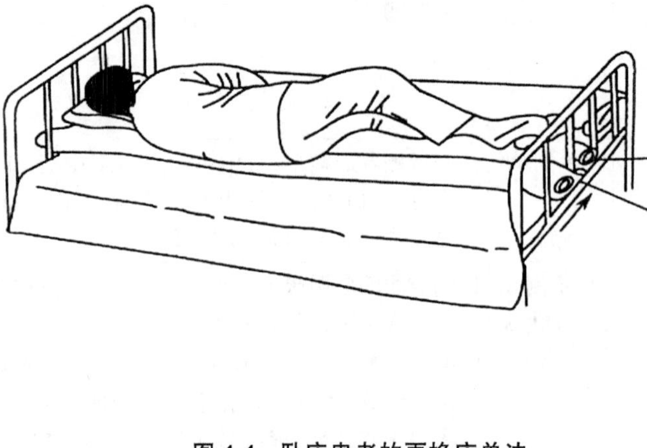


图 4-4　卧床患者的更换床单法

【相关病例讨论】

**病例一**

患者秦某，男，19 岁，长期服用安乃近，发热伴出血 1 月余，入院治疗，诊断为："再生障碍性贫血"。患者虚弱无力、焦虑，检查发现口腔黏膜有散在的瘀点，轻触牙龈出血。

护理问题：

1. 有感染的危险
2. 口腔黏膜完整性受损
3. 活动无耐力
4. 焦虑

**讨论与思考**

1. 病人患再生障碍性贫血，比较容易出血和感染，须做口腔护理，保持口腔清洁，预防口腔感染。
2. 患者由于凝血功能差，口腔黏膜容易出血，所以操作时动作要轻，防止损伤出血。
3. 通过做口腔护理观察口腔黏膜、舌苔变化，帮助了解病情变化。
4. 由于病人年轻，有焦虑，操作中应多沟通，做好心理护理。

**病例二**

患者，男，72 岁，因脑出血收治住院，现已昏迷 2 周，近日发现病人口腔左侧面颊部黏膜破溃，创面附着白色膜状物，经咽拭子培养确诊真菌感染。

护理问题：

1. 意识障碍
2. 口腔黏膜受损
3. 有感染的危险

**讨论与思考**

1. 由于病人昏迷，不能进食，口腔自洁能力下降，而引起真菌感染，应加强口腔护理。
2. 根据口腔情况选择漱口溶液(表 4-1)，该病人有真菌感染，应选用 1%～4% 碳酸氢钠溶液，必要时可使用抗真菌药物局部外涂。

**表 4-1　漱口溶液的浓度及作用**

| 名　称 | 浓　度 | 作　用 |
|---|---|---|
| 氯化钠溶液 | 0.9% | 清洁口腔，预防感染 |
| 复方硼砂溶液(朵贝尔溶液) | | 轻度抑菌，除臭 |
| 过氧化氢溶液 | 1%～3% | 遇有机物时，放出新生氧，抗菌，除臭 |
| 呋喃西林溶液 | 0.02% | 清洁口腔，广谱抗菌 |
| 硼酸溶液 | 2%～3% | 酸性防腐剂，抑菌 |
| 碳酸氢钠溶液 | 1%～4% | 碱性溶液，用于真菌感染 |
| 醋酸溶液 | 0.1% | 用于铜绿假单胞菌感染 |
| 甲硝唑溶液 | 0.08% | 用于厌氧菌感染 |
| 氯己定溶液(洗必泰) | 0.01% | 清洁口腔，广谱抗菌 |
| 中药漱口液(金银花、野菊花) | | 清热、解毒、消肿、止血、抗菌 |

3. 该病人为昏迷病人,取仰卧位,头偏向一侧,禁漱口。

4. 张口器从臼齿处放入口内。牙关紧闭时,不可强行用张口器,以防损伤牙齿。病人在躁动状态下,避免操作。

5. 操作前后清点棉球数量,防止棉球遗留在口腔,每次只能取一个棉球并夹紧拧干,棉球不可过湿,以防发生窒息。

**病例三**

患者,男,65 岁,以“反复胸闷、气短 10 年加重 1 周”为主诉住院,诊断为“慢性心力衰竭”。病人夜间端坐呼吸,双下肢水肿,饮食及睡眠欠佳,生活不能自理。

护理问题:

1. 气体交换受损
2. 体液过多
3. 活动无耐力
4. 有皮肤完整性受损的危险

## 讨论与思考

1. 病人卧床,生活不能自理,双下肢水肿,易发生压疮,护士应做好病人的皮肤护理,预防压疮的发生。

2. 做到“七勤”

(1) 勤翻身:每 2 小时翻身 1 次,做好翻身记录。

(2) 勤观察:观察病人的皮肤是否处于完好状态。

(3) 勤擦洗:定时给病人擦洗,保持皮肤清洁,提高皮肤的抵抗力,同时使病人感到舒适。

(4) 勤按摩:按摩受压部位,促进局部血液循环,增加局部皮肤的营养。

(5) 勤更换:由于病人在床上排便,易污染被服,护士应及时更换污染的单被,避免潮湿刺激皮肤。

(6) 勤整理:病人卧床,床单易皱,老年人皮屑脱落多,应保持床单平整、无皱褶、无碎屑。

(7) 勤交班:护士应对病人的皮肤情况做好严格的交接班工作。

3. 向病人家属宣传预防压疮的知识,使病人家属积极配合,参与护理活动。

**病例四**

李先生,44 岁,反复水肿 3 年,加重一周入院。3 年前,患者因感冒后出现乏力,下肢水肿,曾到当地医院检查,诊断为“肾病综合征”,但未经系统治疗。一周前,患者因“感冒”水肿症状明显加重。护理体检:T 37.8℃ , P 92 次/分,R 20 次/分,BP 140/90mmHg。神志清,颜面水肿、苍白,双下肢凹陷性水肿,尿蛋白(++++)。

护理问题:

1. 体液过多
2. 有皮肤完整性受损的危险
3. 潜在并发症:感染、栓塞、急性肾衰竭

## 讨论与思考

1. 病人水肿严重,大量蛋白尿,全身营养状况差,易发生压疮。

2. 给予足够的营养，必要时输入全血、白蛋白及氨基酸等。同时还应补给矿物质和维生素C及锌制剂，促进蛋白质及胶原合成。

3. 劝告和协助病人翻身，减少局部皮肤长期受压。

4. 观察局部受压情况，防止压疮发生。

**病例五**

患者，男，40岁，主诉车祸外伤后致腹痛3h，腹部B超检查提示：腹部闭合性损伤，腹腔积血，立即行剖腹探查手术。术后神志清楚，生命体征平稳，自诉切口疼痛，切口有渗出液，被服受到污染。

护理问题：

1. 疼痛
2. 组织完整性受损
3. 躯体移动障碍

### 讨论与思考

1. 病人由于伤口渗出液将被服污染，护士应及时更换，使病人感到舒适。

2. 病人生命体征平稳，病情允许翻身侧卧。

3. 护士在为病人更换床单时，应仔细观察受压部位皮肤的情况，防止压疮发生。必要时使用床档，防止患者翻身时坠床。

4. 操作时，避免对患者的拖拉拽等动作，动作要轻稳，注意病人身上的各种管道是否通畅、完好。

**病例六**

李某，男，71岁，因行走不慎滑倒，导致脑出血入院行急诊手术。病人术后恢复良好，昨天刚拔尿管，今天在排尿时将被服污染。

护理问题

1. 意识障碍
2. 躯体移动障碍

### 讨论与思考

1. 脑部手术后，病人虽然意识已恢复，但还未完全清醒，护士应指导家属注意观察患者的反应。病人被服已被污染，应及时更换，保护皮肤免受刺激，预防压疮发生。

2. 在为病人更换床单时，应注意观察病人的病情变化、伤口和皮肤情况。

3. 因病情不允许病人翻身侧卧，故应选择平卧位更换床单法。具体方法如下。

(1)松开床尾盖被，托起病人头部，取出枕头放于床尾椅上；将床头污单横卷成筒状，置于病人肩下，将清洁大单横卷成筒状放于床头并铺好，抬起病人上身，将污单一并从病人肩下卷至臀下，同时将清洁大单拉至臀部，铺好床头部分，使病人躺卧舒适。

(2)将病人臀部抬起，迅速取出污单放入护理车污物袋或治疗车下层，将橡胶单折好备用，大单拉至床尾铺好。

(3)先铺好近侧橡胶单和清洁中单，将余下半幅塞于病人身下，转至床对侧，将橡胶单、中单从病人身下拉出并铺好。

（滕冬梅）

# 第 5 章

# 一般治疗护理技能

**学习要点**

一般治疗护理技能是临床上最常用的基础护理技能之一，广泛应用于治疗疾病过程中，是护生将从事护理工作所必须掌握的护理基本技能。包括皮内注射、皮下注射、肌内注射、鼻饲法、雾化吸入等。一般治疗护理技能的有效实施可以保证治疗的效果，减少患者的痛苦，对患者的康复有着至关重要的地位。

## 项目十　皮内注射+肌内注射

【临床病例】　患者，女，5 岁，因发热，咽痛伴咳嗽咳痰入院就诊。查体：T 39.5℃，听诊两肺闻及散在痰鸣音，扁桃体肿大、充血，表面有脓点以及颌下淋巴结肿大，初诊为急性扁桃体炎。医嘱：0.9%生理盐水 100ml+青霉素 40 万 U 静脉滴注，Bid；5%的葡萄糖 100ml+维生素 C 1g 静脉滴注，Qd；复方氨林巴比妥 1ml，IM。

【分析导入】

1. 用药前，需要评估患儿，询问家属其患儿有无过敏史，如没有，需做青霉素过敏试验，结果是阴性后才能注射青霉素。为以防万一，皮试前还应备好盐酸肾上腺素。

2. 因患儿体温过高，呼吸增快，体液大量丧失，应鼓励患儿多饮水，并按医嘱先为其静脉滴入 5%葡萄糖溶液和维生素 C，待皮试结果阴性后，再静脉滴入青霉素溶液。

3. 由于患儿体温过高，应给予药物降温。鼓励患儿多饮水，注意休息，并为患儿提供安静、空气流通及温湿度适宜的休养环境。

【用物准备】

1. 皮内注射　注射单、洗手液、开瓶器、无菌棉签、复合碘、70%乙醇、弯盘、生理盐水、一次性注射器 1ml 1 具、5ml 2 具、(4 号半~5 号针头一枚)，80 万 U 青霉素 1 支、0.9%生理盐水一瓶，另备 0.1%盐酸肾上腺素 1 支、笔、标签纸，铺好无菌盘。

2. 肌内注射　注射单、洗手液、无菌棉签、复合碘、弯盘、砂轮、无菌纱布、无菌持物钳、2ml 或 5ml 一次性注射器 1 支，复方氨林巴比妥 1 支，铺好无菌盘。

【操作流程】

| 项目名称 | 操作流程 | 技术要求 | 人文关怀(护患沟通) | 分值 |
|---|---|---|---|---|
| 皮内注射法(100 分) | 核对、检查 | 核对医嘱、药液标签,检查药液质量 | | 5 |
| | 配制皮试液 | 启瓶盖,常规消毒,用注射器抽吸 4 ml 生理盐水注入青霉素瓶内,使青霉素充分溶解(此时 1ml 药液含青霉素 20 万 U),取 1ml 注射器抽吸青霉素,进行稀释配制,直至配成每毫升试验液含青霉素 200~500U,贴好标签并写明配制时间,放入无菌盘 | | 20 |
| | 核对、解释 | 携带用物至患者床旁,核对床号、姓名,确定患者有无青霉素过敏史。解释操作目的、方法及注意事项,取得患者的同意及配合 | 在首次查对时,应反复核对:“你好,小朋友,我是你的护士阿姨……,请告诉我一下你的名字好吗? ……” | 10 |
| | 定位、消毒 | 选取前臂掌侧下端,用 70% 的乙醇常规消毒局部皮肤、待干 | 选择左手还是右手呢?消毒了就不能动了 | 10 |
| | 核对、排气 | 再次核对并排尽空气 | 能再次告诉我一下你的床号和姓名吗 | 10 |
| | 穿刺、注射 | 左手绷紧皮肤,右手平执式持注射器(图 5-1),示指固定针栓,针尖斜面向上(图 5-2),与皮肤成 5°刺入皮内(图 5-3),待针尖斜面全部进入皮内后,放平注射器,左手拇指固定针栓,右手注入药液 0. 1ml 使局部形成一半圆状皮丘,并显露毛孔,注射完毕,迅速拔针,切勿按压针眼 | | 25 |
| | 核对<br>嘱托<br>整理 | 再次核对,记录皮试时间,并告知患者注意事项,整理床单位及用物 | 病人 20min 内不要离开病房,不要按压这个皮丘,床头有呼叫器,如有不适请按呼叫器 | 10 |
| | 观察<br>记录 | 20min 后观察皮试结果并做记录,将结果告知病人及家属 | | 10 |
| 患儿高热物理降温仍不退,遵医嘱给予肌内注射复方氨林巴比妥 1ml | | | | |
| 肌内注射(100 分) | 准备药液 | 铺无菌盘后,按无菌要求抽取药液放于无菌盘内 | | 10 |
| | 核对、解释 | 携用物到床旁,核对床号、姓名,解释操作的目的及注意事项 | 小朋友,你好,请告诉我一下你的名字好吗<br>你高热不退,我给你打一针就好了,配合我好吗 | 10 |
| | 定位<br>消毒 | 协助患者取侧卧位,上腿伸直,下腿稍弯曲 | 请家长协助保持这个体位 | |

（续　表）

| 项目名称 | 操作流程 | 技术要求 | 人文关怀(护患沟通) | 分值 |
|---|---|---|---|---|
| 肌内注射（100分） | | 十字法或连线法确定穿刺点，常规消毒，直径5cm以上 | 消毒了就千万别动了，我会选一颗小针头轻轻穿刺 | 20 |
| | 核对、排气 | 再次核对后，持注射器第2次排气 | 小朋友，请你再告诉一下阿姨你的名字好吗 | 10 |
| | 进针、推药 | 绷紧皮肤，以执笔式持注射器(图5-4)，与皮肤成90°(图5-5)迅速刺入针梗的1/2或2/3，抽动活塞，如无回血，缓慢推注药液 | 你真勇敢，这个姿势不能动哟，快结束了 | 25 |
| | 拔针、核对 | 注射完毕，用无菌棉签轻压针刺处，迅速拔针，再次核对 | 小朋友，你是××吗？针已经扎完了，你真勇敢！有事按床头呼叫器，好好休息 | 15 |
| | 整理、记录 | 协助病人取舒适体位，整理用物。洗手，记录 | | 10 |

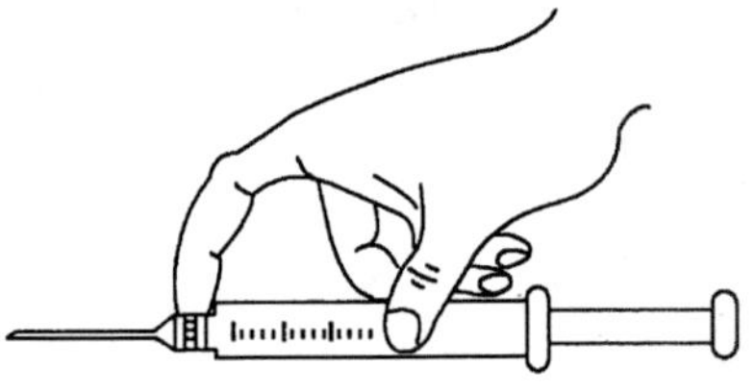

图5-1　平执式持注射器

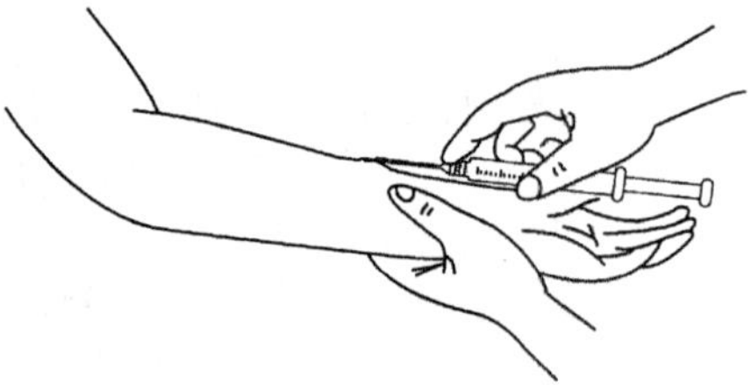

图5-2　皮内注射方法

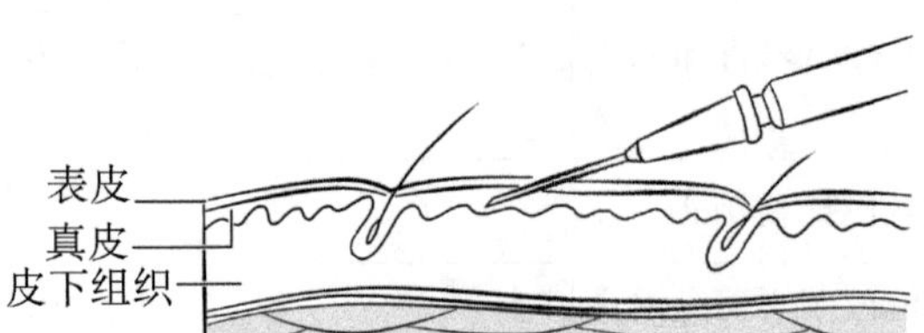


图5-3　皮内注射进针角度与深度

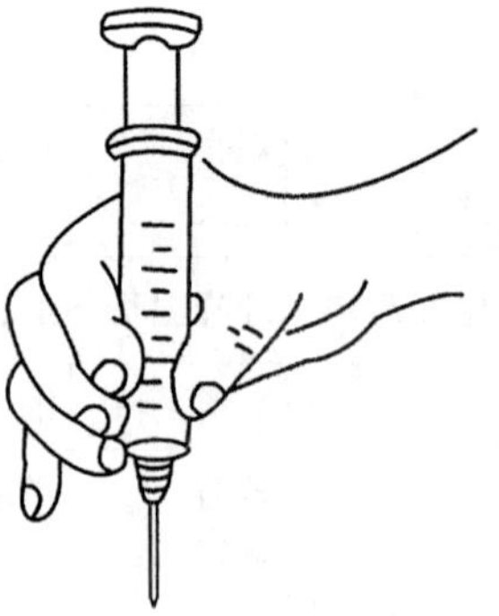

图5-4　执笔式持注射器

【相关病例讨论】

**病例一**

患者,男,45 岁,4h 前在建筑工地,左脚不慎被带有铁锈的钉子扎伤而滑倒,来院就诊。入院时神志清楚,精神紧张,生命体征均在正常范围。给予清创、抗感染等治疗。临时医嘱:破伤风抗毒素 1500U 皮试后肌内注射。

护理问题:

1. 焦虑
2. 有感染的危险
3. 皮肤完整性受损

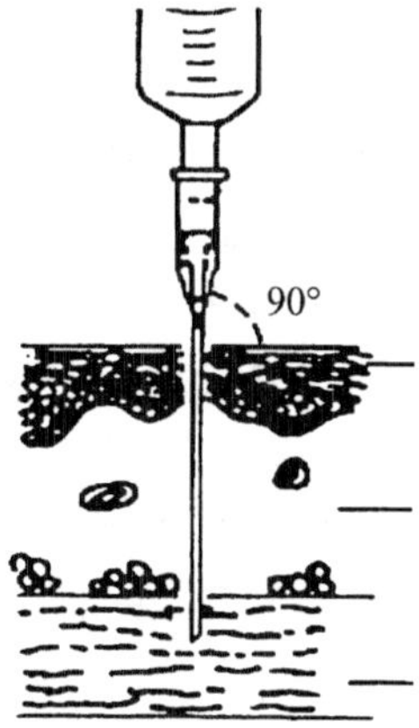

**图 5-5　肌内注射进针角度与深度**

### 讨论与思考

1. 该病人神志清楚,需详细询问患者用药史、有无药物过敏史、家族史。患者精神紧张,做好解释、安慰患者工作,使其配合。

2. 皮试结果判断

阴性:局部皮丘无变化,全身无反应。

阳性:皮丘红肿,硬结直径大于 1.5cm,红晕范围直径超过 4cm,有时出现伪足或伴有痒感。全身过敏反应、血清病型与青霉素反应相同。

3. 结果如为阳性,按脱敏注射法采取小剂量多次注射。见表 5-1。

**表 5-1　破伤风抗毒素脱敏注射**

| 次数 | TAT 量(ml) | 加入生理盐水(ml) | 注射 |
|---|---|---|---|
| 1 | 0.1 | 0.9 | IM 或 H |
| 2 | 0.2 | 0.8 | IM 或 H |
| 3 | 0.3 | 0.7 | IM 或 H |
| 4 | 余量 | 稀释至 1 | IM 或 H |

每隔 20min 皮下或肌内注射一次,直至完成总注射剂量(1500IU)。每次注射后均需观察有无过敏反应。如有反应,根据情况可酌情延长间隔时间,减少剂量,增加次数。

**病例二**

患者张某,27 岁,在 10min 前做了青霉素皮试,现突然感到胸闷、气促、呼吸困难伴濒死感,面色苍白出冷汗,血压 80/50mmHg,脉搏细速,神志清醒,局部皮肤出现瘙痒。

护理问题:

1. 气体交换受损
2. 活动无耐力
3. 体液不足

### 讨论与思考

1. 根据病人临床表现判断,病人出现了过敏性休克。

2. 护理措施

(1)立即停药、平卧、保暖,同时报告医生。

(2)即刻皮下注射0.5~1ml的0.1%盐酸肾上腺素,小儿酌减。如症状不缓解,每隔30min再行皮下注射或静脉注射,直至病人脱离危险期。

(3)改善缺氧症状:给予氧气吸入。

(4)根据医嘱给药:地塞米松5~10mg静脉推注等。

(5)密切观察病人生命体征、尿量及神志变化,并记录。病人未脱离危险期前不宜搬动。

3. 过敏性休克的预防

(1)青霉素过敏试验前详细询问患者的用药史、药物过敏史等。

(2)凡首次用药、在用药过程中更换批号,及停药3d再用时,均需重新做过敏试验。

(3)试验结果阳性者,应禁用青霉素并标明,同时告知病人及家属。

(4)青霉素应现用现配。

(5)密切观察患者,首次注射后应观察30min方可离开。

4. 做好心理护理,安慰患者,缓解过敏反应给患者带来的恐惧心理。

**病例三**

李某,女,34岁,妊娠20周,血压180/100mmHg,尿蛋白(+++),伴有水肿、头痛、眼花、恶心、呕吐等先兆子痫的症状,经初步诊断为重度妊娠高血压,医嘱:25%硫酸镁20ml肌内注射,q6h。

护理问题:

1. 潜在并发症:子痫
2. 体液过多
3. 知识缺乏

## 讨论与思考

1. 尽量消除患者恐惧心理,做好解释安慰工作,缓解其焦虑情绪,积极配合治疗。

2. 因为患者是重度妊娠高血压,需卧床休息,左侧卧位,适宜进行臀大肌注射。臀大肌注射定位法如下。

(1)十字法:从臀裂顶点向左或右画一水平线,然后从髂嵴最高点做一垂直线,将臀部分为四个象限,其外上象限避开内角,即为注射区(图5-6)。

(2)连线法:取髂前上棘与尾骨连线中、外1/3交界处为注射点(图5-7)。

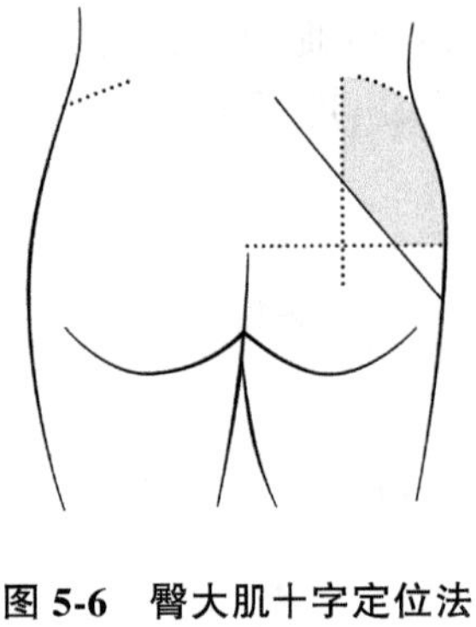

图5-6 臀大肌十字定位法

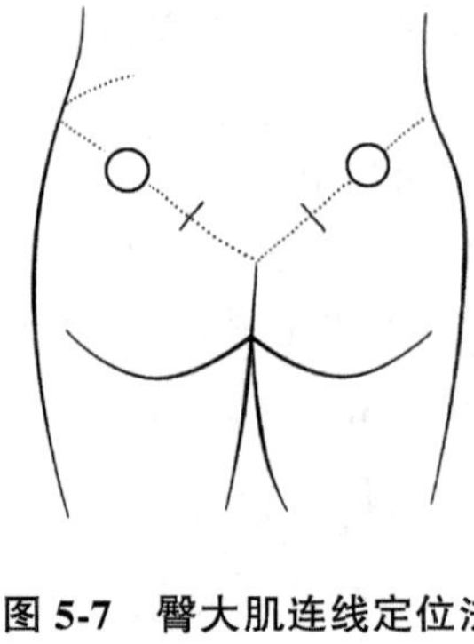

图5-7 臀大肌连线定位法

3. 在注射时为了减轻病人疼痛与不适，可嘱其侧卧位时，上腿伸直，下腿稍弯曲，使臀部肌肉放松；注射刺激性较强药物时，应选择较长针头且深部注射（进针要较深），减轻痛感；需要长期注射刺激性药物者，应交替更换注射部位，避免或减少硬结的发生。如出现局部硬结时，可采用热敷、理疗等方法给予处理。

**病例四**

患儿，女，1 岁半，体温 38.5℃，犬吠样咳嗽，吸气性喉鸣，并伴有三凹征，夜间入睡后，可出现吸气性呼吸困难，口唇发绀，体检可见咽部充血，间接喉镜检查可见咽部及声带充血、水肿，诊断：急性喉炎。由于患儿出现烦躁不安现象，医嘱：异丙嗪 15mg，IM。

护理问题：

1. 气体交换受损
2. 潜在并发症：窒息
3. 营养失调：低于机体需要量
4. 睡眠形态紊乱

**讨论与思考**

1. 评估小女孩的全身情况，尽量消除其恐惧心理，尽量稳定患儿。对妈妈做好解释安慰工作，缓解其焦虑情绪，积极配合治疗。

2. 患儿 1 岁半，因臀大肌尚未发育完善，并且其解剖位置毗邻坐骨神经，为避免损伤坐骨神经，注射时应选择臀中肌、臀小肌进行注射。定位方法如下。

（1）构角法：用示指尖和中指尖分别放于髂前上棘和髂嵴下缘处，髂嵴、示指、中指之间构成的一个三角形区域为注射部位。

（2）三指法：髂前上棘外侧三横指处（以病人的手指宽度为准）。

3. 为减轻疼痛，在注射时应做到“两快一慢”，即进针快、拔针快，推药速度亦慢（不合作的小儿推药速度宜快），还可通过交流或播放音乐等方式分散患儿注意力，使其尽可能身心放松。

4. 在注射过程中，如患儿挣扎使针梗折断，应先稳定患儿情绪，使其保持原位不动，并固定局部组织，以防针头移位，同时尽快用血管钳夹住断端取出。

5. 健康教育：嘱家长多带患儿进行户外活动，加强营养，提高患儿机体抵抗力。

## 项目十一　超声波雾化吸入+皮下注射法+鼻饲法

【临床病例】　患者，女，68 岁，非胰岛素依赖型糖尿病（2 型糖尿病）10 年，5 年前因患脑血栓，右侧肢体活动障碍，长期卧床，10d 前因上呼吸道感染出现发热、呼吸困难、咳嗽、痰多、痰液黏稠不易咳出。体检：T 38.5℃，P 80 次/分，R 22 次/分，BP 150/100mmHg，意识清晰，双肺呼吸音增粗，右侧中枢性偏瘫，右侧半身感觉障碍，消瘦，检查合作。

【分析导入】

1. 患者咳嗽，痰多，痰液黏稠不易咳出，为改善通气状况，治疗呼吸道感染，医嘱雾化吸入，稀释痰液，止咳平喘。

2. 患者右侧半身感觉障碍，长期卧床，生活自理能力障碍，消化功能障碍，身体虚弱，由口入食较困难,为保证营养的摄入,医嘱鼻饲饮食。

3. 患者非胰岛素依赖型糖尿病10年,为有效控制血糖,预防并发症,遵照医嘱采用皮下注射法注射胰岛素。

【用物准备】

1. *超声波雾化吸入* 超声波雾化吸入装置一套、治疗巾、水温计、弯盘、冷蒸馏水、生理盐水、棉签、消毒液、注射器、砂轮,遵医嘱备药。

2. *皮下注射* 注射盘内置常规消毒液、注射卡、1ml注射器与针头、无菌棉签、弯盘、纱布、砂轮和启瓶器、污物桶、锐器盒,遵医嘱备药。

3. *鼻饲法* 一次性鼻饲包(包内备弯盘、镊子、止血钳、压舌板、纱布、胃管、20ml注射器、治疗巾、液状石蜡棉球)、棉签、胶布、别针、夹子或橡皮圈、手电筒、听诊器、盛有清水的水杯、弯盘、水温计,灌食用物[鼻饲流食(38~40℃)200ml、温开水适量、50ml注射器],拔管用物(松节油、乙醇、棉签、纱布、弯盘、手套、漱口液)。

【操作流程】

| 项目名称 | 操作流程 | 技术要求 | 人文关怀(护患沟通) | 分值 |
|---|---|---|---|---|
| 超声波雾化吸入(100分) | 操作前准备 | 护士准备:按要求着装,洗手,戴口罩<br>雾化器准备:见图5-8。<br>检查雾化器是否完好,连接雾化器,检查有无松动、脱落<br>加入冷蒸馏水于水槽,液面高度约3cm,浸没雾化罐透声膜<br>药物准备:将药液稀释至30~50ml,倒入雾化罐内,检查有无漏水,将水槽盖盖紧<br>环境准备:安静整洁,光线充足,温湿度适宜 | | 15 |
| | 核对解释评估 | 备齐用物,携用物至患者床边,核床号、姓名、腕带<br>评估患者病情及呼吸、排痰情况,了解是否做过雾化吸入,并向患者解释雾化吸入的目的及配合方法,取得同意 | 您好!我是您今天的治疗护士××,您叫什么名字?请让我看一下您的腕带,您现在感觉怎么样啊<br>我遵照医嘱为您做雾化吸入,可以消除炎症和稀释痰液,为15~20min,这项操作没有什么痛苦,请您配合我,好吗 | 15 |
| | 患者准备 | 协助患者取舒适卧位,治疗巾铺于患者颌下,指导患者做深而慢的由口吸气,由鼻呼气 | 为了保证效果,现在我们练习一下在雾化吸入过程中的呼吸方式,由口缓慢地深吸气,然后再闭紧口唇用鼻呼气,频率不要太快 | 15 |

（续　表）

| 项目名称 | 操作流程 | 技术要求 | 人文关怀(护患沟通) | 分值 |
|---|---|---|---|---|
| 超声波雾化吸入(100分) | 雾化吸入 | 连接电源:预热 3~5min<br>调整时间:调整定时开关(15~20min)<br>调节雾量:打开雾化开关,调节雾量<br>雾化吸入:待有白色气雾喷出时,让患者将口含嘴放于口内,闭紧口唇包住口含嘴缓慢均匀地深吸气,由鼻呼气<br>密切观察,及时处理:密切观察患者的变化,观察水槽内的水量及温度,如发现水量过少或水温超过60℃,应关机,更换或加入冷蒸馏水。如需连续使用雾化器时,中间间隔时间不得少于 30min | 您是××床××吧?现在我们要开始做雾化吸入了,请您将口含嘴含在口中,按照我刚才说的方式,用口唇包住口含嘴,闭紧,深吸气,再由鼻呼气,不要太快,您做得很好,如果您感到不舒服,请举手示意我 | 20 |
| | 雾化结束 | 治疗完毕后,取下口含嘴<br>关闭雾化开关,再关电源开关<br>取下治疗巾,擦干患者面部 | 雾化治疗结束了,现在您感觉怎么样啊 | 15 |
| | 整理嘱咐 | 协助患者取舒适卧位,观察患者雾化后的效果,协助患者排痰,做好操作后注意事项交代,如有胸闷、呼吸困难、剧烈咳嗽等情况要及时呼叫 | 这个体位还舒适吗?呼叫器我已经给您放在枕旁了,如果您不舒服请按呼叫器,我也会经常过来看您的,谢谢您的配合,请您好好休息 | 10 |
| | 洗手记录 | 洗手,脱口罩,记录雾化药物的名称、剂量、雾化时间、患者反应等 | | 5 |
| | 用物处理 | 清理用物,放出水槽内的水,擦干水槽,将口含嘴、雾化罐、螺纹管浸泡于消毒液中 1h,冲洗干净晾干备用<br>所有物品按要求分类处理 | | 5 |
| 患者为非胰岛素依赖型糖尿病,为有效控制血糖,遵医嘱为患者餐前 30min 皮下注射胰岛素 | | | | |
| 皮下注射(100分) | 操作前准备 | 护士准备:着装整齐,洗手、戴口罩<br>物品、药物准备:核对医嘱,备齐用物,检查质量,抽吸药液,排气,戴好针帽,置于无菌盘内,盖上无菌巾备用<br>环境准备:操作环境安静整洁,光线充足,温湿度适宜 | | 15 |

（续 表）

| 项目名称 | 操作流程 | 技术要求 | 人文关怀(护患沟通) | 分值 |
|---|---|---|---|---|
| 皮下注射(100分) | 核对<br>解释<br>评估 | 备齐用物,携至患者床旁,核对患者床头卡、床号、姓名<br>评估患者病情、意识,治疗情况、用药史、过敏史、心理状态、合作程度及注射部位的皮肤状况 | 您好,我是您的责任护士××?您叫什么名字?是××床××对吗?还有30min就要开饭了,我遵医嘱为您皮下注射胰岛素。您愿意在哪个部位进行注射?让我看一下皮肤情况 | 15 |
| | 部位及体位 | 选择腹部皮下注射,安置合适部位、体位(图5-9),使腹部放松 | 您不用动,我把床头和膝下支架给您摇高,可以放松腹部肌肉,减轻您的不适 | 10 |
| | 消毒排气 | 常规消毒,消毒范围直径>5cm<br>排尽空气 | 我给您消毒一下皮肤,消毒液有些凉,请不要紧张,请您放松 | 10 |
| | 进针注射 | 再次核对,左手绷紧皮肤,右手持针,示指固定针栓,针尖斜面向上,与皮肤成30°~40°(图5-10),快速刺入针梗1/2~2/3长度,抽拉注射器活塞无回血,缓慢匀速地将药物推入皮下,在注射过程中,要密切观察患者的反应 | 是××床××吧?进针的时候会稍有一些痛,请您忍耐一下,别紧张,放松 | 15 |
| | 拔针按压 | 注射完毕,用无菌干棉签或棉球轻压针刺处,快速拔针后按压片刻 | 请您或您的家属按照我的方法轻轻按压注射部位 | 5 |
| | 再次核对<br>观察<br>反应 | 再次进行核对,观察患者用药后反应 | 是××床××吧?您的胰岛素已经注射完毕了,有什么不适吗 | 10 |
| | 整理<br>嘱托 | 协助患者整理衣服和床单位,卧于舒适卧位 | 这个卧位还舒服吗?呼叫器我已经给您放在枕旁了,如果您感到不舒服请按呼叫器,请您和您的家属记住半小时后再进餐,谢谢您的配合,请好好休息 | 10 |
| | 用物处理<br>洗手记录 | 用物分类处理<br>洗手、记录 | | 10 |
| 因患者由口进食能力不足,为保证营养摄入,遵医嘱进行鼻饲饮食 | | | | |

（续　表）

| 项目名称 | 操作流程 | 技术要求 | 人文关怀(护患沟通) | 分值 |
|---|---|---|---|---|
| 鼻饲技术（100 分） | 操作前准备 | 护士准备，着装整齐，洗手，戴口罩<br>物品准备：检查备齐用物和鼻饲饮食<br>环境准备：环境整洁、温湿度适宜，光线充足 | | 10 |
| | 核对解释评估 | 携用物至患者床前，做好核对解释工作，评估患者病情、意识、是否做过鼻饲，取得患者同意和配合<br>评估患者鼻腔及口腔状况，如有活动性义齿应取下，置于冷开水杯中浸泡，放于稳妥位置 | 您好，我是您的责任护士××，您叫什么名字？您现在感觉怎么样啊？由于您不能由口进食，为了保证您的营养摄入，遵医嘱为您进行鼻饲饮食，在插管的时候会有些不舒服，但不疼，我会尽量轻柔，请您配合好吗？让我检查一下您的鼻腔情况……您有活动性义齿吗？稍候我将在这侧鼻腔为您进行鼻饲 | 5 |
| | 安置体位 | 协助患者选择合适体位（坐位、半坐位），无法坐起者可取右侧卧位，查看剑突位置 | 我帮您把床头摇高，半坐位有利于插管，可以减少您在插管中不舒服的感觉，这个姿势您还舒服吗 | 5 |
| | 铺巾置盘 | 打开鼻饲包，戴手套，将治疗巾铺在患者颌下，置弯盘于口角处 | | 5 |
| | 清理鼻腔 | 取无菌棉签蘸清水清洁患者鼻腔 | 我帮您清洁一下鼻腔，请不要紧张 | 5 |
| | 测量长度 | 用注射器向胃管内注气，检查胃管是否通畅，关闭胃管末端，测量胃管插入长度并做标记[前额发际至胸骨剑突；或由鼻尖经耳垂至胸骨剑突处，一般成人为 45~55cm（图 5-11）] | | 5 |
| | 润管插管 | 取液状石蜡棉球润滑胃管前端 10~20cm<br>一手持纱布托住胃管，一手持镊子夹住胃管前端，沿一侧鼻孔缓慢插至咽喉部（14~16cm）时，嘱患者做吞咽动作，同时迅速将胃管插至所需长度<br>如果是昏迷患者，可将患者头部托起，使下颌靠近胸骨柄，再缓慢插至预定长度（图 5-12） | 我现在用液状石蜡润滑一下胃管的前端，可以使插管更加顺利，这种油对您的身体没有伤害，请您不要担心<br>您是××床××吧？我现在要为您进行插管了，请您不要紧张，就像吞面条一样……<br>您做得非常好 | 10 |

（续 表）

| 项目名称 | 操作流程 | 技术要求 | 人文关怀(护患沟通) | 分值 |
|---|---|---|---|---|
| 鼻饲技术（100分） | 确定胃管 | 确定胃管在胃内的方法：<br>抽出胃液<br>向胃内注入 10ml 空气，听到气过水声<br>胃管末端置于水杯中，无气泡逸出 | 我检查一下胃管是不是在胃内了 | 5 |
| | 固定胃管 | 用胶布将胃管固定在患者的鼻翼及面颊部（图 5-13） | 胃管在胃内了，我把胃管固定好 | 5 |
| | 灌注饮食 | 按照医嘱，将流质食物缓慢注入胃内，注入前、后必须注入少量温开水（20～30ml），新鲜果汁与奶液要分别注入，每次灌食前一定要确定胃管是否在胃内，并检查胃管的通畅度，如所灌药物是片剂，应将药片研碎溶解再灌入 | 我先给您注入一些温开水，不要紧张，感觉怎么样？现在注入的是营养液，最后再给您注入一些温开水，很好，您配合得非常好，现在感觉怎么样啊 | 5 |
| | 固定管端 | 将胃管末端封闭反折，用纱布包好，再用橡皮圈夹紧，安全别针固定在大单、枕旁或患者的衣领处 | 您的鼻饲液我已经给您推注完毕了，胃管我也给您固定好了，请您保持这个卧位 20～30min，防止发生呕吐 | 5 |
| | 整理嘱托 | 帮助患者清洁口鼻，取下治疗巾，脱手套，协助患者置于舒适卧位，询问患者感受，整理床单位 | 翻身的时候注意胃管，防止脱出，呼叫器我已经给您放在枕旁了，如有不适请按呼叫器，我也会随时来看您，谢谢您的配合，您好好休息 | 5 |
| | 洗手记录 | 所有物品分类处理<br>洗手、记录 | | 10 |
| 患者病情好转，由口进食能力恢复，根据医嘱给予拔管 | | | | |
| | 拔出胃管 | 核对解释，将治疗巾铺于患者颌下，弯盘置于口角处，揭去胶布<br>将胃管末端封闭反折或用血管钳、管夹夹住胃管末端<br>嘱咐患者做深呼吸，见患者深呼气时，快速拔出胃管 | 您好，您叫什么名字？我是您的责任护士，您现在感觉怎么样啊？因为您病情好转，遵医嘱我要为您拔出胃管，请您配合 | 10 |
| | 整理清洁 | 再次核对，脱手套，用松节油棉球擦去胶布痕迹，用纱布清洁患者口鼻及面部，协助患者漱口或做口腔护理，放平床头，将患者置于舒适卧位，整理床单位 | 我帮您清洁一下胶布痕迹<br>我把您床头放平，这个卧位还舒服吗<br>呼叫器我给您放在枕旁了，如有不适请按呼叫器，谢谢您的配合，您好好休息 | 5 |
| | 洗手记录 | 用物分类处理<br>洗手，记录 | | 5 |

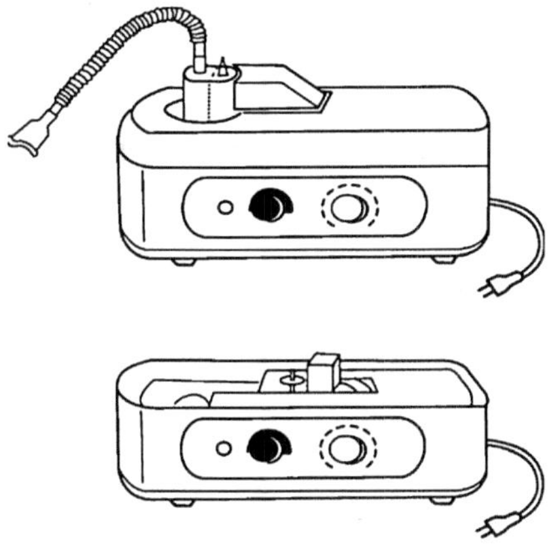

图 5-8　超声波雾化吸入器

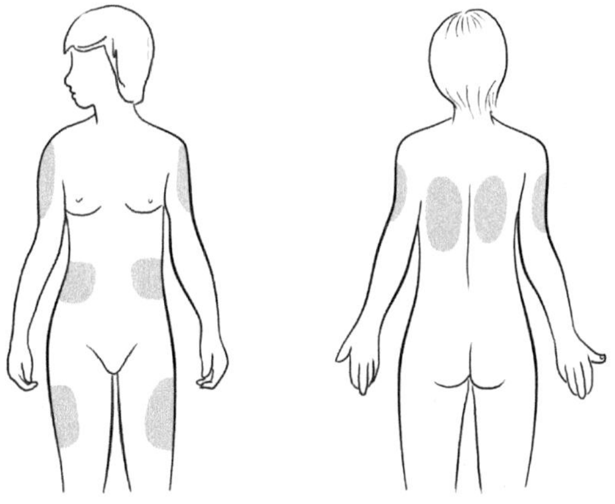

图 5-9　皮下注射部位

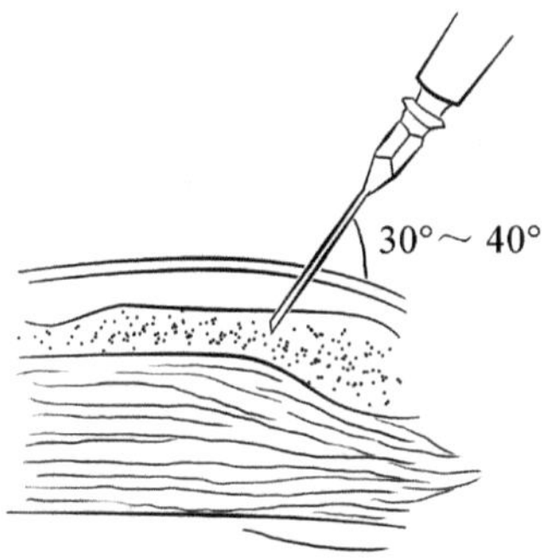


图 5-10　皮下注射角度

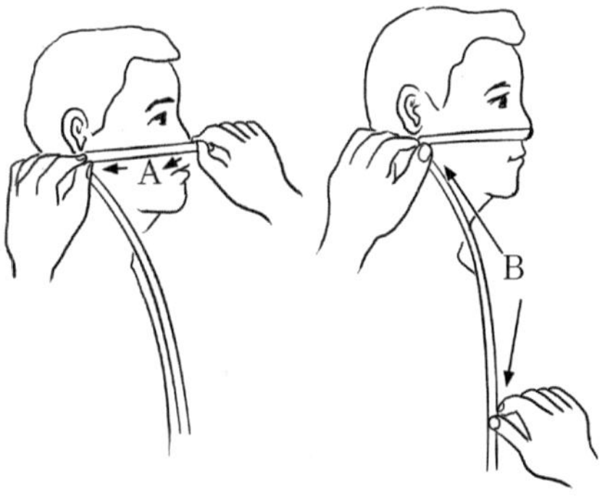


图 5-11　测量胃管长度

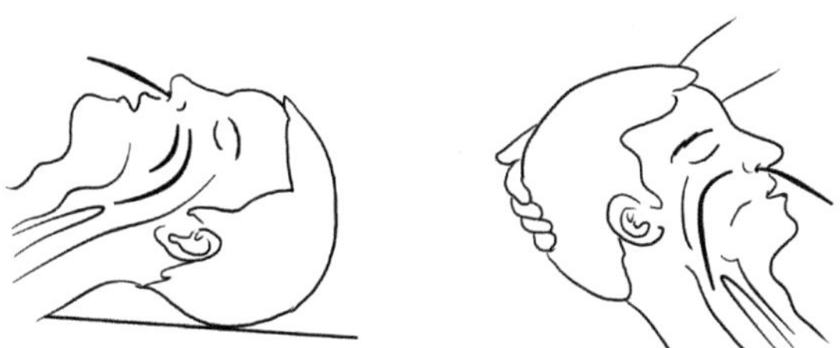

图 5-12　昏迷患者鼻饲插管

图 5-13　胃管固定法

【相关病例讨论】

**病例一**

患者,女,38岁,因咳嗽、咳痰、痰量增多,痰液黏稠不易咳出,睡眠不好,睡后易醒10d入院治疗。检查:T 38.5℃,P 102次/分,R 24次/分,BP 150/110mmHg,诊断:支气管炎。医嘱:超声波雾化吸入2次/天。

护理问题:

1. 清理呼吸道无效
2. 体温过高
3. 睡眠形态紊乱

## 讨论与思考

1. 患者咳嗽、咳痰、痰量增多且痰液黏稠不易咳出,是由于支气管炎症所致,可遵照医嘱实行雾化吸入,稀释痰液,治疗炎症,改善呼吸道通气状况。

2. 患者体温过高是由于支气管炎症引起,应及时遵照医嘱进行药物治疗,控制感染。

3. 在治疗过程中,应交代患者及家属多饮水,以维持病人足够的液体入量;同时适当补充蛋白质和维生素,保证充足的能量。

4. 使用药物前应遵医嘱留取新鲜痰标本做痰培养和药敏试验,为医生治疗提供用药依据。

5. 雾化后应指导患者及家属采用引流,进行有效排痰,如协助翻身叩背、深呼吸后用力咳嗽、咳痰。

6. 患者睡眠形态紊乱主要是由于咳嗽所致,可为患者提供有助于病人入睡的良好休息环境,保持安静,调节光线;为避免打扰患者休息,可有计划地安排护理活动和治疗,减少对患者的影响,指导患者学会促进睡眠或入睡的方式,如泡脚;为患者安置舒适体位,有利于呼吸和排痰,同时也可防止呼吸道分泌物排出受阻;必要时可遵照医嘱使用止咳、平喘、解痉、祛痰的药物。

**病例二**

患者,男,78岁,慢性支气管炎病史25年,10d前因受凉后出现咳嗽、咳痰、痰量增多、痰液黏稠不易咳出、色黄,伴呼吸困难入院。诊断:慢性阻塞性肺气肿。

护理问题:

1. 清理呼吸道无效
2. 活动无耐力
3. 知识缺乏

## 讨论与思考

1. 该患者慢性支气管炎15年,咳嗽、咳痰为慢性支气管炎的主要症状,近10天痰液黏稠不易咳出,色黄,为感染所致,可遵照医嘱进行雾化吸入,稀释痰液,便于痰液排出。

2. 该患者为老年患者,咳痰量也增多,在治疗过程中应注意不可使用可待因等强镇咳药。

3. 嘱咐患者应多饮水(2000ml以上),并指导患者家属掌握正确的翻身叩背方法。

4. 慢性阻塞性肺气肿缺氧伴二氧化碳潴留,氧气吸入宜采用鼻导管低流量低浓度持续性氧疗,氧流量1~2L/min,氧浓度25%~29%,每天给氧的时间不少于15h,尤其在夜间不要中断。

5. 增加营养,易采用高热量、高蛋白、高维生素、易消化饮食。

6. 指导患者进行呼吸训练,包括正确的缩唇呼气法、腹式呼吸法。

7. 遵照医嘱实行抗感染药物治疗。

**病例三**

患者,女,45岁,食管肿瘤切除术后。现患者生命体征平稳,伤口无渗血、渗液,现遵照医嘱给予鼻饲流质饮食。

护理问题

1. 营养失调

2. 有皮肤完整性受损的危险

3. 有感染的危险

## 讨论与思考

1. 患者食管肿瘤切除术后,无法由口饮食,为患者实行鼻饲的目的是为了保证患者营养和水分的供给。

2. 为患者插管时,应交代患者配合的方式,做好护患沟通,减轻患者心理负担,保证插管的顺利进行。如插管14~16cm处时患者应做吞咽动作等。

3. 插管的过程中应随时观察患者的反应,如果出现呛咳、发绀及呼吸困难等异常情况时,应立即拔出胃管,待患者休息片刻恢复正常后再进行插管。

4. 加强巡视,勤翻身,密切观察患者的生命体征、皮肤、伤口等情况的变化,及时更换切口处纱布,做好清洁、消毒,防止肺内感染、窒息、压疮等并发症的出现。

**病例四**

患者,男,50岁,因车祸入院治疗,经抢救现生命体征正常,昏迷,医嘱给予鼻饲饮食。

护理问题:

1. 营养失调

2. 意识障碍

3. 有皮肤完整性受损的危险

## 讨论与思考

1. 患者处于昏迷状态,不能自行进食,鼻饲的目的是为了保证患者的正常营养、水分及药物的供给。

2. 因患者处于昏迷状态,吞咽及咳嗽反射消失,为患者进行插管时,应置患者去枕仰卧位,并将头后仰,在胃管插到14~16cm处时(会厌部),抬高患者头部,使下颌紧贴胸骨柄,这样可以增大咽部通道的弧度,提高插管的成功率,保证胃管顺利插至预定的部位。

3. 因患者处于昏迷状态,无法及时表达自己的感受,因此,在插管的过程中,护士应重点观察患者的反应,如出现呛咳、发绀、呼吸困难等现象,应马上拔出胃管,待患者恢复正常后再行插管。

4. 做好胃管的固定,指导家属看护好患者,防止胃管脱出。

5. 加强巡视,做好病情观察,指导家属掌握正确的翻身叩背方法及时间,防止并发症的发生。

**病例五**

患者,女,60 岁,非胰岛素依赖型糖尿病患者。医嘱给予普通胰岛素 8U,三餐前半小时皮下注射。

护理问题:

1. 知识缺乏
2. 有感染的危险
3. 有受伤的危险

## 讨论与思考

1. 评估患者对糖尿病知识的认知程度,详细讲解糖尿病饮食、活动、胰岛素使用方面的知识。

2. 注射剂量要准确,详细告知患者及家属在胰岛素注射后要及时进餐,定时为患者监测血糖,防止出现低血糖。

3. 胰岛素注射的部位可以选择上臂三角肌下缘、股前侧及外侧、腹部等处。

4. 要经常更换注射部位,避免形成皮下硬结、感染,影响药物吸收。

5. 指导患者及家属学习胰岛素的保存方法:置于冰箱内冷藏,但不能冰冻,防止胰岛素发生变质。

**病例六**

患者王×,男,26 岁,因上呼吸道感染应用青霉素静脉滴注,10min 后患者出现胸闷、气急、四肢麻木症状,脉搏 125 次/分,血压 60/40mmHg,患者意识清楚,神志紧张,医嘱立即停用青霉素,0. 1% 肾上腺素 0. 5ml 皮下注射,立即执行。

护理问题:

1. 气体交换受损
2. 组织灌注不足
3. 恐惧

## 讨论与思考

1. 该患者出现了过敏性休克,应立即进行抢救。

2. 患者就地平卧,解开衣领及裤带,注意保暖。

3. 遵照医嘱给予 0. 1% 肾上腺素 0. 5ml 皮下注射,肾上腺素可有效增加心排血量,提高血压,解除支气管平滑肌痉挛,是抢救过敏性休克的首选药,选择皮下注射方式可快速发挥药效,争取抢救时间。

4. 患者神志紧张,可影响到抢救效果,因此护士应及时给予心理安慰,缓解患者紧张恐惧情绪,使其配合抢救进行。

5. 氧气吸入,保持静脉通路,有利于进一步的药物治疗。

（董　军）

# 第 6 章

# 母婴护理技能

**学习要点**

母婴护理技能是妇产科护理工作中最常用的护理技术。为了促进新生儿的生长发育，增强机体的免疫力；也为了提高母乳喂养的成功率，尽快恢复产妇的形体，以及防止尿失禁、子宫脱垂等情况的发生，护士需要掌握常用的母婴护理技能，包括新生儿体重及身高测量、沐浴、游泳、抚触、更换尿布以及开奶护理和产后保健操等。

## 项目十二　婴儿体重、身高测量+新生儿沐浴法+新生儿游泳

【临床病例】　患者，女，28 岁，初产妇，经剖宫产术产下一足月男婴，体重 3300g，出生 1min Apgar 评分 10 分。现出生 4d，一般情况好，请按护理程序对新生儿进行沐浴、游泳以及测量体重、身高。

【分析导入】

1. 新生儿出生时皮肤表面覆有胎脂，并且分泌旺盛，需每日沐浴 1 次。

2. 沐浴前一般先给新生儿测量体重、身高。

3. 该新生儿为足月产，已出生 4d，现一般情况好，适合进行沐浴和游泳。

4. 新生儿沐浴的目的：清洁皮肤，促进血液循环，增进身体的舒适感，预防感染，促进新生儿四肢的活动，为新生儿做全身体格评估。

5. 新生儿游泳的目的：促进肌肉、骨骼的生长，促进神经系统的发育，增强消化系统的功能，提高睡眠质量，提高感觉细胞的敏感性和身体的柔韧性。

6. 产妇以及家属对操作目的明确，能积极配合。

【用物准备】

1. 婴幼儿体重、身高测量　婴儿磅秤、卧式身长测量床、尿布、清洁布、记录本、笔。

2. 新生儿沐浴法　小毛巾、大毛巾、尿布、衣服、浴液、爽身粉、磅秤、淋浴装置、无菌持物钳、无菌敷料(消毒棉签、棉球、纱布、脐带卷)、消毒植物油、75% 乙醇、3% 硼酸、1% 甲紫、鞣酸软膏、眼药水等。

3. 新生儿游泳　毛巾、一次性薄膜、水温计、打气筒、各型号泳圈、婴儿游泳圈消毒液、防水护脐贴、浴巾、室温计、棉签、护脐消毒液。

【操作流程】

| 项目名称 | 操作流程 | 技术要求 | 人文关怀(护患沟通) | 分值 |
|---|---|---|---|---|
| 婴幼儿体重、身高测量(100分) | 核对、解释、评估 | 问候小儿母亲,核对小儿姓名、性别<br>评估小儿一般情况、目前状况,向家长说明测量体重、身高及沐浴、游泳的意义、操作过程以及配合方法,使家长能够配合 | 女士,您好,我是产房护士××,请问您的床号和姓名?请让我看一下您的腕带<br>现在我来为您的宝宝测量体重和身高,然后沐浴、游泳,沐浴游泳可以增进宝宝舒适感,促进生长发育等,请您配合一下好吗 | 5 |
| | 小儿准备 | 脱去小儿鞋袜、外套,核对手圈 | | 25 |
| | 测量体重 | 将清洁布铺在婴儿磅秤上,调节磅秤至零点,脱去小儿的衣服及尿布,注意保暖,将小儿从床上抱起,轻放到秤盘上,注意安全,防止跌落,准确读数,见图 6-1 | | 35 |
| | 测量身高 | 将清洁布铺在测量床上,给小儿脱去鞋、袜,将小儿从床上抱起,轻放于测量床上,使小儿平卧在测量床的中线上,注意安全,防止跌落<br>固定小儿头部使其轻贴测量床的顶板,操作者左手按住小儿双膝,固定下肢,右手滑动滑板至小儿足底,准确读数,见图 6-2 | | 35 |
| 测量完体重、身高后,随即进行沐浴 | | | | |
| 新生儿沐浴(100分) | 新生儿准备 | 测量体重后,给新生儿裹上浴巾 | | 20 |
| | 沐浴 | 护士抱起新生儿,放置沐浴池内的软枕垫上,用前臂内测试水温合适后,用小毛巾洗双眼、鼻子、口周及脸部、双耳,然后用浴水湿润头发和全身,用浴液少许搓成泡沫涂于新生儿全身,先涂头、颈、上肢、腋下、躯干,后涂抹腹股沟、臀部和下肢,注意皮肤皱褶处,冲净,见图 6-3 | | 80 |
| 新生儿沐浴后随即进行游泳,图 6-4 为新生儿游泳池 | | | | |

（续　表）

| 项目名称 | 操作流程 | 技术要求 | 人文关怀(护患沟通) | 分值 |
|---|---|---|---|---|
| 新生儿游泳(100 分) | 新生儿准备 | 核对新生儿，脐带未干燥前，用防水脐贴护脐，见图 6-5<br>套游泳圈(图 6-6)：根据新生儿出生天数，选择合适的颈圈。一人抱住新生儿，用一只手托着新生儿头、颈、背部，另一手固定使新生儿头稍向后仰，另一人掰开泳圈开口处从新生儿颈前部套入游泳圈，认真检查新生儿下颏部是否放在下颏槽内，下颌是否垫托在预设位置(将泳圈的内圈紧贴双下颌部位)。然后扣紧安全扣和安全带 | | 20 |
| | 游泳(图 6-7) | 抱新生儿的工作人员托着新生儿头颈背部的手不改变，另一手托着新生儿臀部，要逐渐且缓慢入水(让新生儿有一个适应的过程，完全放松)<br>协助新生儿水中肢体活动，注意观察新生儿的反应，确保新生儿的舒适程度，整个游泳活动在医护人员监护下进行，宝宝与护士、家长互动<br>每次游泳的时间控制在 10～15min(第一次游泳时间掌握在 5～7min)<br>游泳完毕，将新生儿抱出浴缸，迅速擦干新生儿身上的水迹，注意保温，取下游泳圈及防水护脐贴，予以保温。用安尔碘消毒液或 75% 的乙醇消毒脐部两次(图 6-8)，再用一次性护脐带包扎 | 张女士，现在我给您讲一下游泳的注意事项，以后您陪孩子游泳的时候要注意这些问题<br>1. 游泳时间在喂奶前 40min 或喂奶后 1h 进行，新生儿哭闹，饥饿或进食 1h 内，不宜游泳<br>2. 当在游泳中发现新生儿面色苍白，全身发抖，必须停止游泳，以免发生不良后果 | 55 |
| | 局部护理 | 根据新生儿情况进行必要的臀区和皮肤护理，颈区、腋下、腹股沟处扑爽身粉 | | 10 |
| | 整理、嘱咐 | 给新生儿穿上衣服，兜好尿布，再次检查手圈上字迹是否清晰，脱落者补上，裹好包被，送回病床<br>交代注意事项，感谢配合<br>清理用物，晾干，备用 | 您好，您是×床××吧？现在所有项目都做完了，孩子的体重是××，身高是××，都在正常范围内，孩子的全身状况都很好，也做了脐部护理和臀部护理并扑了爽身粉，请您放心，感谢您的配合 | 10 |
| | 记录 | 洗手，记录 | | 5 |

图 6-1　体重测量法

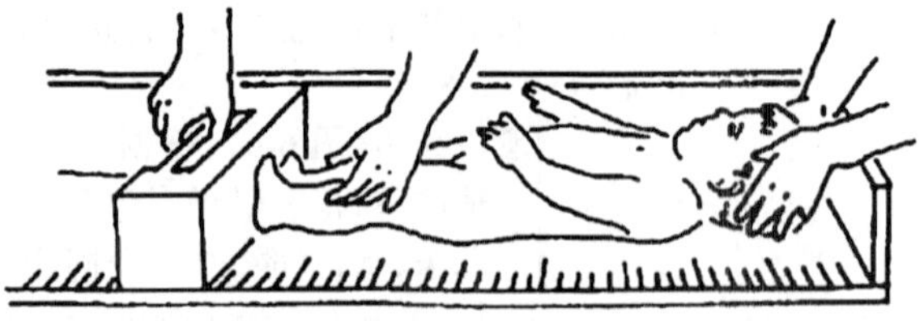

图 6-2　身长测量法

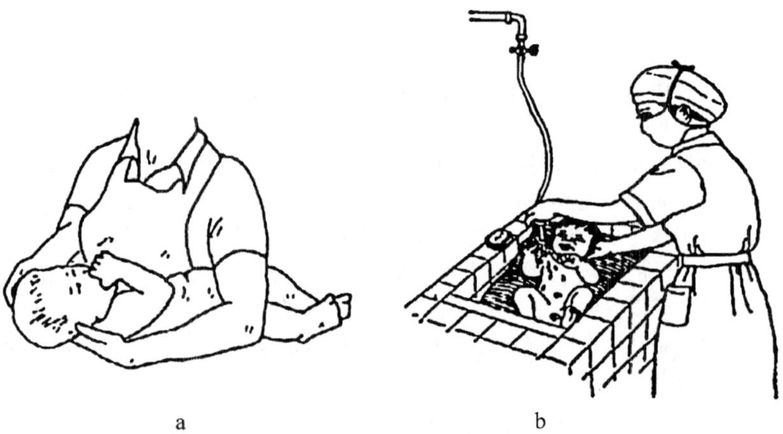

a　　　　　　　　b

图 6-3　新生儿沐浴

图 6-4　新生儿游泳池

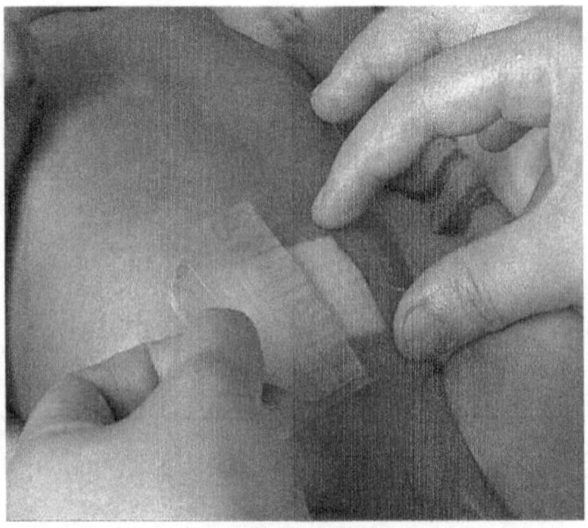

图 6-5　防水脐贴

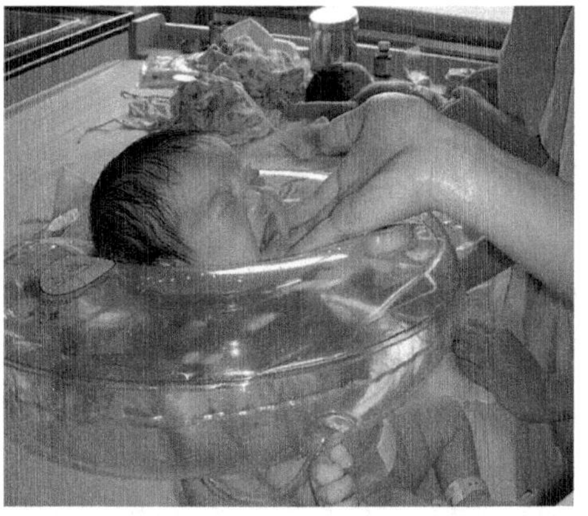

图 6-6　新生儿泳圈

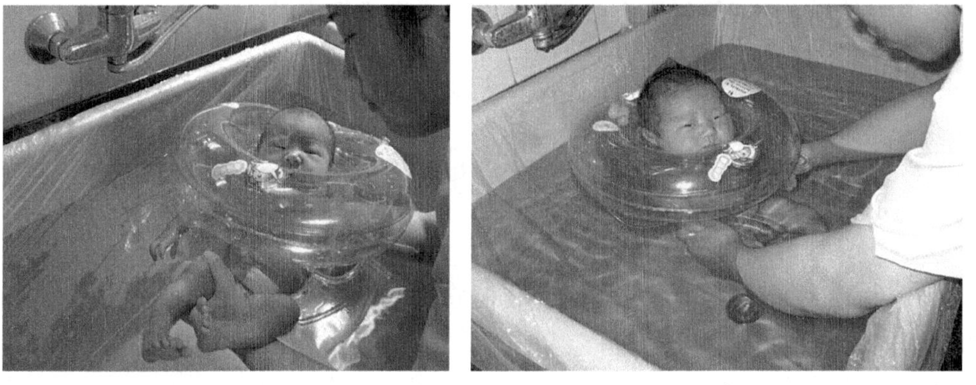

a　　　　b

图 6-7　新生儿游泳

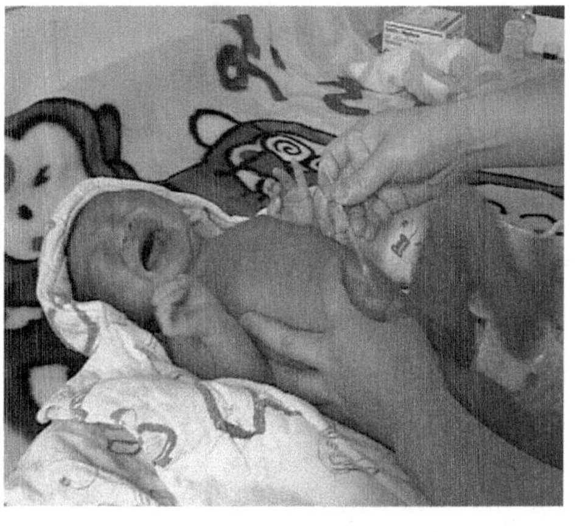

图 6-8　新生儿脐带护理

【相关病例讨论】

**病例一**

6个月女婴媛媛，母乳喂养，皮肤颜色红润、弹性好，大小便正常。父母身体健康，无遗传病史，为了解小儿生长发育状况，家长带来院进行健康体格检查。请对该女婴进行常规的体格检查，评价其生长发育状况，并指导家长学习添加辅食的有关知识。

护理问题：

1. 母乳喂养有效
2. 知识缺乏

**讨论与思考**

媛媛处于生长发育迅速的婴儿期，应定期进行健康体格检查，以便及时发现问题。在为媛媛体检过程中应注意：

1. 为了了解媛媛的营养状况，首先应该做的检查是测量体重、身高，测量时注意安全性和准确性，并和以往测量结果进行比较。发现差异较大时应重新测量核对。

2. 最好在同一磅秤、同一时间测量。

3. 除了体重、身高的测量以外，还必须检查牙齿，测量头围、胸围以及动作和语言行为发育的检查，协助了解生长、发育情况。

4. 媛媛6个月，应添加稀粥、鱼泥、豆腐、动物血、菜泥、水果泥等，遵循从少到多、从稀到稠、从细到粗的原则。

**病例二**

丁女士，29岁，$G_1P_1$，足月妊娠，临产18h未分娩。查体：T 36℃，P 90次/分，R 22次/分，BP 120/80mmHg，产妇精神疲惫，宫缩40s/2～3min，宫口开全，头先露，S+2，LOT，胎心168次/分。处理：吸氧，刺激宫缩，立即行胎头吸引术娩出胎儿。新生儿出生后1min Apgar评分6分，胎头有一3cm×4cm的血肿，经积极抢救迅速复苏。请你按护理程序对新生儿进行沐浴护理。

护理问题：

1. 活动无耐力
2. 有感染的危险
3. 潜在并发症：颅内出血

**讨论与思考**

1. 该新生儿为抬头吸引术产新生儿，且胎头血肿，易发生颅内出血，所以应保持安静，避免震动，以防出血。

2. 该新生儿3d内不予以淋浴，清洁皮肤时可行床上擦浴。

3. 血肿护理：该新生儿头部血肿早期给予冷敷，避免穿刺或揉搓血肿，全身应用抗生素，维生素$K_1$，预防感染和继续出血。

**病例三**

患者，女，30岁，孕36周产下一女婴，体重2100g，出生1min Apgar评分6分。现出生2d，请按护理程序对该女婴进行游泳护理，并指导家属相关的喂养、护理知识。

护理问题:

1. 营养失调,低于机体需要量
2. 有感染危险
3. 婴儿喂养困难
4. 知识缺乏

**讨论与思考**

新生儿游泳的禁忌证:脐部感染以及有皮肤破损的婴儿(接种疫苗后 3d 内不能游泳);有宫内外窒息史,Apgar 评分≤8 分的新生儿;疑有颅内出血的婴儿;体弱儿、体重小于 2000g,胎龄≤34 周的早产儿;先天性畸形的患儿;心肺功能不全的患儿;患严重疾病,正在治疗的婴儿;有特殊疾病或需要特殊处理和医生叮嘱不得入水的婴儿。

1. 该新生儿为早产儿,且 Apgar 评分<8 分,不适合进行游泳。
2. 该新生儿为早产,且属于低体重儿,存在喂养困难的问题,应该指导患儿家属学习喂养方面的相关知识。
3. 为患儿家属开展健康教育,使其了解早产儿的发育特点,告知出院后的护理要点。

## 项目十三　新生儿抚触+更换尿布

【临床病例】　患儿,女,2 个月,因出现臀部皮肤潮红伴有皮疹,遂来医院,诊断为尿布皮炎,住院治疗。请为患儿更换尿布并指导患儿家长做好尿布皮炎的护理及注意事项,同时进行抚触。

【分析导入】

1. 患儿 2 个月龄,出现尿布皮炎,程度为重 I 度。
2. 更换尿布的目的是保持患儿臀部皮肤清洁干燥,增进舒适感,促进尿布皮炎愈合。
3. 教会患儿家长正确更换尿布及注意事项。
4. 抚触的目的:促进新生儿神经系统的发育,提高应激能力,增强新生儿机体的免疫力,加快新生儿对食物的消化、吸收,有助于增加新生儿体重,改变睡眠节律,有益于新生儿的生长发育。
5. 尽量教会母亲为宝宝抚触,可以促进母婴感情交流,促进乳汁分泌。

【用物准备】

1. 更换尿布　长方形尿布、盆内盛温水、尿布桶、小毛巾、护臀霜等。
2. 抚触用物　尿垫、替换的衣物、大毛巾、无刺激性的抚触油和合适的抚触台。

【操作流程】

| 项目名称 | 操作流程 | 技术要求 | 人文关怀(护患沟通) | 分值 |
|---|---|---|---|---|
| 更换尿布(100分) | 核对<br>解释<br>评估 | 问候小儿母亲,核对小儿姓名、性别<br>评估小儿一般情况、目前状况,向家长说明更换尿布(臀部护理)和抚触的意义以及操作过程,使家长能够配合 | 女士,您好,我是产房护士××,让我看一下您的腕带和您宝宝的手圈好吗?您的宝宝今天怎么样<br>现在我来为宝宝更换尿布然后进行抚触,更换尿布做好臀部护理,有助于治疗尿布皮炎,抚触有益于宝宝的生长发育,增强免疫力,请您配合一下好吗 | 10 |
| | 解开尿布 | 掀开小儿下半身被褥,注意保暖。解开污湿尿布,轻提小儿双足 | | 5 |
| | 擦洗臀部 | 尿布洁净端由上向下擦净会阴及臀部,大便时将污湿尿布对折垫于臀下<br>取一块纱布用温水清洗会阴及臀部,擦洗顺序由上向下,会阴→左侧腹股沟→右侧腹股沟→肛门周围<br>用小毛巾轻轻沾干,取干净棉签2支,粘护臀霜由上向下,在臀部皮肤上轻轻滚动涂擦 | 您好女士,请选择质地柔软透气性好、吸水性强的棉织品做尿布或者采用一次性尿布。如果是女孩,就将加厚层垫于臀下。尿布长短宽窄和系带松紧适宜。另外清洗臀部后要用小毛巾轻轻沾干,不能用力擦,以免进一步加重皮肤的损伤 | 50 |
| | 尿布处理 | 用手轻轻提起小儿双足,使臀部略抬高,另一只手取下污尿布放入污物桶内 | | 5 |
| 臀部护理结束,撤去污湿尿布,进行新生儿抚触 | | | | |
| 新生儿抚触(100分) | 新生儿准备 | 将新生儿抱至操作台上,解开包被,脱去衣服(图6-9) | | 5 |
| | 头面部 | 面部:两拇指从前额中央向两侧推压滑动,画出一个微笑状;同法抚触眉头、眼窝、人中和下巴<br>头部:两手从前额发际抚向脑后,并停于耳后乳突处,轻轻按压<br>每个部位4~6次 | 女士,下面我们按顺序为宝宝进行抚触,请您跟我学,最好是学会了自己为宝宝做,这样更有利于母子间的情感交流 | 15 |
| | 胸部 | 两手分别从胸部的外下方向对侧外上方滑动,在胸部行成一个大的交叉,循环进行,避开乳头 | | 15 |

（续　表）

| 项目名称 | 操作流程 | 技术要求 | 人文关怀(护患沟通) | 分值 |
|---|---|---|---|---|
| 新生儿抚触（100 分） | 腹部 | 用指腹从左下腹向上腹再向右下腹，依次按顺时针方向划半圆按摩<br>并用右手在婴儿的左腹由上往下画一个英文字母“I”<br>然后由左上、右上至右下画一个倒写的“L”<br>再由左下至右下画一个倒写的“U”<br>用关爱的语调向婴儿说“我爱你”，与婴儿进行情感交流 | | 20 |
| | 四肢 | 双手握住婴儿的胳膊，交替从上到下挤捏扭转至手腕，像牧民挤牛奶一样，然后再交替从上到下搓滚至手腕处；同法抚触双下肢 | | 15 |
| | 手足 | 用两拇指指腹从婴儿足跟处掌面交叉向足趾推进，并在确保不受伤的前提下捏拉足趾各关节；同法抚触手部 | | 15 |
| | 背部 | 将新生儿俯卧位，以脊椎为中分线，双手分别平放在脊椎两侧，与脊椎成直角，往相反方向重复移动双手；从背部上端开始逐步向下渐至臀部，最后由头顶沿脊椎抚触至骶部、臀部 | | 15 |
| 抚触结束后，更换尿布 | | | | |
| 更换尿布（100 分） | 垫上尿布 | 护士用一手轻轻提起双足使臀部略抬高，另一手将洁净尿布垫于腰下，放下双足，尿布另一端折到腹部，系好尿布带，松紧适宜 | 您好女士，请您记住一定要勤为宝宝更换尿布，保持臀部干爽，这样尿布皮炎会很快治愈的 | 15 |
| | 整理、嘱咐 | 为小儿穿好衣服，包裹，再次核对后抱还母亲，新生儿侧卧小床；交代注意事项；整理用物 | 女士您好，感谢您的配合。为宝宝更换尿布及抚触的方法您学会了吗？如果有什么问题可以随时问我 | 10 |
| | 记录 | 洗手，记录 | | 5 |

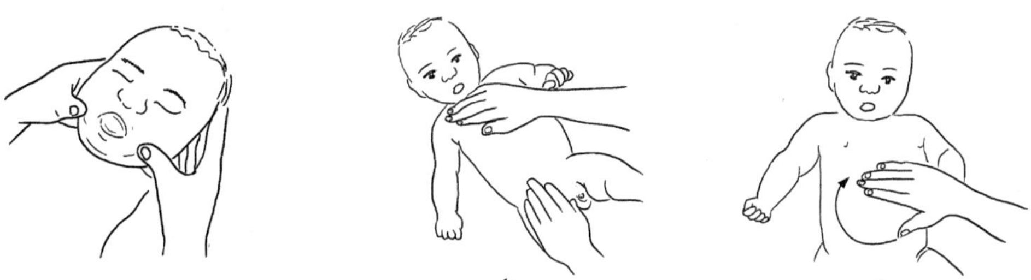

a　　b　　c

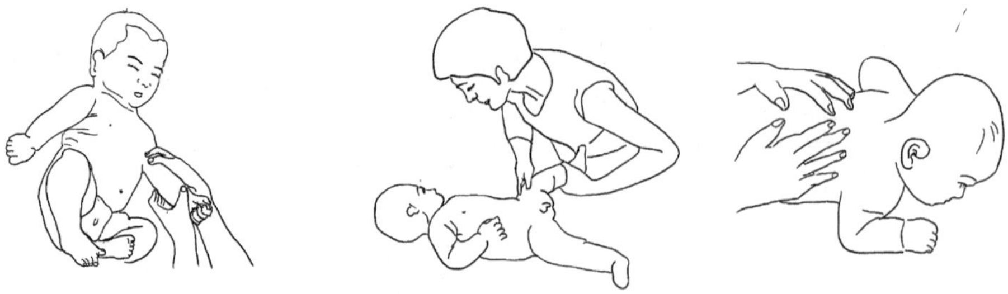


**图 6-9 新生儿抚触**

【相关病例讨论】

**病例一**

患儿,男,8 个月,腹泻 3d,每日排便 9 次左右。为水样便,伴有呕吐,近 6h 无尿,眼窝凹陷,皮肤弹性差,四肢凉,血钠 122mmol/L,临床诊断为婴儿腹泻,重Ⅰ度臀红。请为该患儿做臀部护理并指导家长学习预防尿布皮炎的相关知识。

护理问题:

1. 腹泻
2. 有皮肤完整性受损的危险
3. 知识缺乏(家长)

## 讨论与思考

1. 患儿腹泻,水样便,臀部受粪便的刺激,引起皮肤发红,皮疹,诊断为重Ⅰ度红臀。红臀分为轻度和重度红臀,重度红臀又分为三度。

轻度红臀:仅表现为皮肤潮红。

重度红臀:根据红烂程度又可分为 3 度。

Ⅰ度:局部皮肤潮红,伴有皮疹。

Ⅱ度:皮肤溃烂。

Ⅲ度:局部有较大片糜烂或表皮脱落,有时可继发细菌或真菌感染。

2. 每次大便后,须用温水洗净臀部、会阴及外生殖器,禁用肥皂清洗,动作要轻柔,避免用小毛巾直接擦洗臀部皮肤,以免损伤加重。

3. 每次清洗后,沾干,涂 3% 的鞣酸软膏或消毒植物油,以保护皮肤。涂抹油类及药膏时,用棉签轻轻滚动涂药,不可用棉签上下涂刷,以免疼痛或导致皮肤破溃。

4. 及时更换尿布,保持臀部皮肤清洁干燥,更换尿布时应注意兜松尿布,操作过程动作轻柔、准确、快速,避免小儿受凉。

5. 及时准确执行医嘱,给予止泻和纠正患儿水、电解质紊乱;做好患儿家长健康宣教工作。

**病例二**

胡女士,26 岁,初产妇,孕 32 周,突感阴道流水来院就诊。产科检查:头先露,胎心 140 次/分,宫缩 40~50s/4~5min,骨盆外测量正常。肛查:宫口 5cm,S+1,LOA。3h 后自然分娩一男婴,体重 2000g,出生 1min Apgar 评分 7 分,经抢救后恢复正常,现出生 5d,一般情况好。请你按护理程序对早产儿进行抚触护理。

护理问题:

1. 营养失调,低于机体需要量
2. 有感染的危险
3. 有体温改变的危险

### 讨论与思考

1. 抚触 早产儿生长发育快,抚触活动是促进早产儿身体和智力发育的一项重要活动;该早产儿一般情况好,适合进行抚触活动;在操作时需要细心,动作轻柔。

2. 预防并发症 密切观察早产儿的全身情况,做到精心喂养,注意保暖,预防感染和出血,发现异常及时报告。

**附:一次性纸尿裤的使用**

一次性纸尿裤是一种新型的婴儿保健用品,具有非凡的吸水力,能保持婴儿皮肤干燥,有效地避免皮肤与尿布中的尿长期接触而导致的过分潮湿。尿裤采用分层结构,内衬纯白绒毛木质浆及高分子吸水材料,吸水性较强,当尿裤吸满尿液时,贴着皮肤的一面并不使婴儿感到十分潮湿。所以一次性尿裤越来越受年轻父母的喜欢。

**(一)一次性纸尿裤的更换**

1. 护士抬起婴儿的双脚,换去脏的尿布,然后用小毛巾温水或抽取一张护肤柔软湿巾,从前向后轻拭干净会阴部及臀部。
2. 涂护臀霜。
3. 将干净的尿裤摊开,有图案的一端在前,将另一端置于婴儿腰后。沿着婴儿的胯部翻起尿裤的前端,撕开婴儿腰部下尿裤两侧的胶贴,依照婴儿的体形,将胶贴粘在尿裤前胶贴适当的位置上。
4. 把婴儿两腿内侧的防漏护边向外轻拉,避免尿液侧漏。
5. 整理尿裤:使尿裤服贴于婴儿身体。

**(二)一次性纸尿裤的特点**

1. 弹性腰围 紧贴婴儿腰部,防止尿液从腰部渗出。
2. 导流层 迅速将尿液向下传递和扩散,最大限度地发挥高分子的吸收作用。
3. 仿布透气层 像布一样舒服、能迅速排出湿气,体贴皮肤,避免冰凉的感觉。
4. 超强吸收层 强劲的吸收材料确保小屁股日夜干爽。
5. 立体防漏边 轻柔地紧贴腿部,确保双层防漏。

(周 霞)

## 项目十四 开奶护理+产后保健操

【临床病例】 王某,女,30 岁,初产妇,经自然分娩产下一足月成熟女婴,体重 3980g,发育未见畸形。出生 1min Apgar 评分 9 分。母婴一般状况良好。已经对新生儿清理了呼吸道,擦干了皮肤，处理好了脐带。护士鼓励产妇尽早（产后 30min 内）进行母婴皮肤接触和早吸吮，以便及早开奶。由于产妇为初产妇，尚无喂养经验加上刚分娩完身心皆觉疲惫，顿感无措，须护士在旁指导进行开奶护理。产妇回病房后，护士建议产妇在产后第 2 天起开始在床上做一些适当的体育锻炼来帮助形体的恢复，以及预防尿失禁、膀胱直肠膨出、子宫脱垂等情况的发生。

【分析导入】

1. 患者为初产妇，无喂养经验，对让婴儿如何吮吸不知所措，须护士在旁指导。

2. 产妇刚经历分娩，身心皆感疲惫，但刚成为母亲还是有很强烈的喜悦感，如有护士在旁提供心理支持，产妇愿尽早哺乳。

3. 娩出婴儿为成熟女活婴，外观发育未见畸形。出生 1min Apgar 评分 9 分，状况良好。对于分娩后 Apgar 评分 8～10 分的新生儿应尽早与母亲皮肤接触，及早吸吮，实现早开奶。

4. 生完孩子后，产妇会担心自己的形象问题，怎样才能让自己松弛的腹肌恢复张力？对医护人员来讲，则担心产妇出现尿失禁、膀胱直肠膨出、子宫脱垂等情况的发生，为此建议自然分娩的产妇从生产完第 2 天开始体育锻炼；行会阴后-侧切开或行剖宫产的产妇可以适当推迟活动的时间，等拆线后伤口不太疼的时候，可以开始做适当的体育锻炼，即产后保健操。

【用物准备】

1. *开奶护理* 温开水（50～52℃），纱布（2 张），小毛巾（2 张），小脸盆、棉签，植物油，洗手液。

2. *产后保健操* 体操垫或瑜伽垫，毛巾。

【操作流程】

| 项目名称 | 操作流程 | 技术要求 | 人文关怀（护患沟通） | 分值 |
|---|---|---|---|---|
| 开奶护理（100 分） | 开奶前准备 | 产房室温 24～26℃，湿度 50%～60%<br>产妇生命体征是否平稳<br>评估产妇乳房情况，乳头是否被污垢堵塞<br>检查水温，用物是否准备妥当 | | 5 |
| | 核对解释评估 | 备齐用物至床旁，核对产妇床号，姓名，查看腕带<br>解释开奶目的，配合方法，取得产妇同意和配合<br>自然分娩产妇应在产后半小时内进行母婴间皮肤接触，接触的时间不少于 30min，实现早吸吮，早开奶；剖宫产产妇可在回房清醒后半小时内进行母婴间的皮肤接触<br>评估产妇身体状况、生命体征是否平稳 | 小王，你好，我是产房护士××，请问你的床号和姓名？让我看一下你的腕带？<br>为了帮助你及早下奶，让宝宝吮吸到营养和免疫价值最高的初乳，增强宝宝抗病能力同时也能帮助子宫收缩，减少产后出血，我将把你的宝宝裸身放在你的胸前进行早接触、早吸吮，实现早开奶，你能配合我吗 | 10 |
| | 清洁乳房 | 护士用洗手液洗净双手，露出产妇一侧乳房，先用棉签蘸少许植物油浸湿乳头，使乳头上污垢软化（注：乳头上污垢不易洗净者，不应强擦，以免擦破皮肤引起感染；更不能用肥皂或其他 | 小王，在将宝宝抱来吸吮之前，我先对你的乳房进行清洁，如有什么不适请告诉我<br>清理乳头上的污垢时可能有一点不舒服，稍微忍耐一下，一会儿就好 | 20 |

（续 表）

| 项目名称 | 操作流程 | 技术要求 | 人文关怀(护患沟通) | 分值 |
| --- | --- | --- | --- | --- |
| 开奶护理(100 分) | | 清洁剂清洗,以免造成乳头干燥,皲裂),再将纱布用温水浸湿顺时针方向清洁乳头和乳晕数次,接着擦拭乳房直至根部,用毛巾立即擦干<br>同样的方法换纱布擦拭另外一侧乳房,擦干,擦洗时护士动作一定要轻柔 | | |
| | 按摩乳房 | 一手按住乳房,另一手由乳房根部用手指的力量向乳头方向推行、按摩,时间为 1~2min(图 6-10a)<br>也可以将两手分别四指并拢,与大拇指成“C”形,分别放在乳房两侧,由根部向乳头挤压按摩,时间为 1~2min(图 6-10b)<br>用同样的方法按摩另一侧乳房<br>按摩完毕后检查产妇乳头情况,如有乳头扁平或是内陷时,护士应用一只手的拇指与示指分开固定乳晕周围,另一手手指将乳头往外牵引数次 | 小王,我给你做乳房按摩的时候要稍稍用大一点的力度,如果在按摩过程中有什么不舒适请一定告诉我<br>小王,按摩结束了,我马上把你的宝宝抱来,让她进行第一次吸奶,请稍等 | 20 |
| | 第一次接触,吸吮 | 用预热棉垫将新生儿抱至产床旁,核对新生儿腕带与产妇对应信息<br>让婴儿裸身贴于产妇胸前(图 6-11),让婴儿持续裸身与母体接触 20min 左右,婴儿手脚开始出现爬行动作,接着嘴上有吸吮样动作出现<br>护士一旦发现婴儿出现觅食行为时应帮助新生儿含接乳房进行早吸吮,如一次吸吮不成功,应进行多次尝试,直至吸吮成功<br>护士可以帮助婴儿将大部分乳晕和乳头放入其口内(图 6-12)<br>告知产妇单纯依靠吸吮乳头是不能够有效地吮吸出奶来的<br>在此过程中护士应观察婴儿觅食、吸吮及吞咽情况,有效地吸吮可以观察到婴儿的双颊鼓起,吮吸速度慢而深,有适当的停顿,同时母亲也不会感到乳头疼痛<br>指导产妇双侧乳房交替开奶,每侧乳房吸吮时间不少于 10min | 请问是××床,(母亲姓名)王××吗?住院号是××××××?新生儿出生日期,体重及性别<br>小王,我将把你的宝宝放在你的胸前,我已经对宝宝做好了保暖措施,请放心<br>你可以试着用乳头碰碰宝宝的鼻子和嘴巴,试着让她对乳房产生兴趣<br>宝宝出生时就有吸吮的本能,而在出生后不久处于一个兴奋期,吸吮的本能是最强的<br>(持续接触 20min 后)小王,你瞧,你的宝宝要开始找吃的啦,这个时候应该让宝宝吸吮乳晕和乳头而不单单只是乳头,放在宝宝嘴里的乳晕应该是下嘴唇包得多些,而上嘴唇包得少些<br>小王,你看宝宝的双颊鼓起,正在用力地吸奶<br>小王,宝宝吸吮过一侧乳房应该换另一侧乳房让她吸吮了 | 30 |

（续　表）

| 项目名称 | 操作流程 | 技术要求 | 人文关怀(护患沟通) | 分值 |
| --- | --- | --- | --- | --- |
| 开奶护理(100分) | 核对记录 | 吸吮完毕，再次核对产妇及新生儿，给新生儿做保暖检查<br>洗手，记录 | 你是×床××吧？现在宝宝已经吸吮完毕了，我们将她抱去保暖及检查，等一下我会送宝宝和你母婴同室 | 10 |
| | 整理嘱咐 | 安置产妇于舒适体位，常规观察至2h后送产妇和婴儿母婴同室，在此期间护士应观察产妇子宫的收缩情况，注意观察阴道出血量、宫底高度、膀胱充盈程度以及有无阴道血肿，并严密观察生命体征 | 小王，这个体位还舒适吧？你将继续留在产房观察一段时间，完毕后将你和宝宝一起送往母婴同室<br>如果你有什么不舒服的地方请告诉我，谢谢你的配合，你好好休息 | 5 |
| 产后第二天，护士将产妇引至示教室，准备授以产妇产后保健操 | | | | |
| 产后保健操(100分) | 核对解释评估 | 护士在示教室准备好用物后到病房询问产妇身体情况，有无并发症，遂将产妇引至示教室，安排好座位，并向产妇讲解产后保健操的好处，以取得产妇的合作 | 小王，今天感觉怎么样？你今天的身体状态不错，我来教你做产后保健操，它对你的产后恢复非常好，有信心吗 | 15 |
| | 操作前准备 | 操作前，关门开窗，避免外界的影响同时也让室内的空气流通，告知产妇穿宽松的衣服即可，排尿、排便<br>护士垫好体操垫 | 小王，在做保健操之前尽量把大小便排尽，穿着宽松的衣服，让室内空气流通，避免对堂风，地点可以选择硬床垫、体操垫或瑜伽垫，但是不要在弹簧床上做运动，头下不垫枕头 | 5 |
| | 第一节：深呼吸运动 | (产后第2~3天)取仰卧位，两臂自然放于身体两侧，嘴唇闭紧，用鼻孔缓缓深吸气，收紧腹部肌肉，屏气2~3s，再将气慢慢呼出(图6-13a) | 小王，这一节的目的是增加腹肌弹性，慢慢恢复腹肌张力。一节可做8~16次，但是我建议你今天先做8次，从明天开始可以逐渐增加次数，循序渐进地做 | 10 |
| | 第二节：缩肛运动 | (产后第2~3天)取仰卧位，两臂自然放于身体两侧，嘴唇闭紧，用鼻缓缓吸气，同时收缩会阴部和肛门肌肉，屏气并维持此姿势2~3s，然后将气慢慢呼出，同时放松会阴部和肛门肌肉(图6-13a)<br>护士应告诉患者以上两节适合产后2~3d的练习，此后的体操动作应根据产妇身体情况从产后第4天开始，每1~2天增加1节 | 小王，这一节是锻炼盆底肌肉的张力，可以防止尿失禁、子宫脱垂等，做法和前面一节一样，也是做8~16次，也是要循序渐进地做<br>好了，以上两节就是产后2~3d练习的内容，下面的内容要根据你的身体情况，从产后第4天开始，每1~2天增加1节内容，每节做8~16次 | 10 |

（续　表）

| 项目名称 | 操作流程 | 技术要求 | 人文关怀（护患沟通） | 分值 |
| --- | --- | --- | --- | --- |
| 产后保健操（100 分） | 第三节：抬腿运动 | （产后第 4～5 天）取仰卧位，两臂自然放于身体两侧，将一条腿尽量抬高与身体垂直，放下后另一腿做相同动作（图 6-13b）<br>等产妇适应以后，可练习将两腿同时抬起 | 小王，做这一节动作的时候一定要两条腿交替抬高练习，等你的体力恢复以后再做双腿同时抬高的练习<br>注意，一定要量力而为，后面的几节也是一样的道理 | 10 |
| | 第四节：腹背运动 | （产后第 7～8 天）取仰卧位，两臂自然放于身体两侧，髋部与腿部放松，分开并屈曲，脚底踩在床上，尽量抬高背部与臀部（图 6-13c） | 小王，在做这一节的时候，脚要踩在床上，上身以肩部作为支撑，尽量抬高背部与臀部<br>这节体操能锻炼腰部、腹部、腿部的肌肉，锻炼身体的平衡性，能使阴道收缩，并防止子宫脱垂 | 10 |
| | 第五节：仰卧起坐 | （产后第 9～10 天）取仰卧位，两手臂左右平伸，然后上举至胸前，两手掌交叠握住，上身坐起，前屈，两臂前伸，手掌交叠放于小腿上（图 6-13d） | 这一节由两个运动构成：上肢运动和上身运动。能够起到扩展胸部，活动上肢以及锻炼腹部肌肉的作用 | 10 |
| | 第六节：腰部运动 | （产后第 11～12 天）取跪姿，双膝分开，肩肘垂直，双手平放在床上，腰部进行左右旋转（图 6-13e） | 小王，刚开始做这节的时候腰部要慢慢地转动，如果觉得腰部负荷不了应立即停止锻炼 | 10 |
| | 第七节：全身运动 | （产后第 13～14 天）取跪姿，双臂伸直支撑在床上，左右腿交替向背后伸直高举（图 6-13f） | 小王，这一节主要是活动全身的肌肉，刚开始做的时候，腿不用抬得太高，可以先将脚水平抬起，练习一段时间后再将脚抬高 | 10 |
| | 整理、感谢和嘱咐 | 操作完毕，护士整理用物，并感谢产妇的配合<br>交代注意事项：<br>1. 根据产妇情况，产后运动强度由小到大，开始做 1～2 节，以后每天增加 1 节，每节开始做 8 次，逐渐加至 16 次<br>2. 如果运动时出现阴道出血较多或者感到身体很疲倦的时候，应该停止做保健操<br>3. 做保健操的时间应该在饭后 1h 再进行<br>4. 产后保健操贵在坚持，出院以后应该继续坚持做操直至产后 6 周 | 小王，产后保健操共有七节，需要根据你自身的情况循序渐进地做，切不可为了快速恢复身材而练习过量，那是对身体有伤害的；练习的过程中如果出现阴道出血较多或者感到身体很疲倦的时候，应该停止做保健操<br>保健操应该在饭后 1h 再做，另外，产后体形的恢复需要 2～3 个月的时间，所以贵在坚持 | 10 |

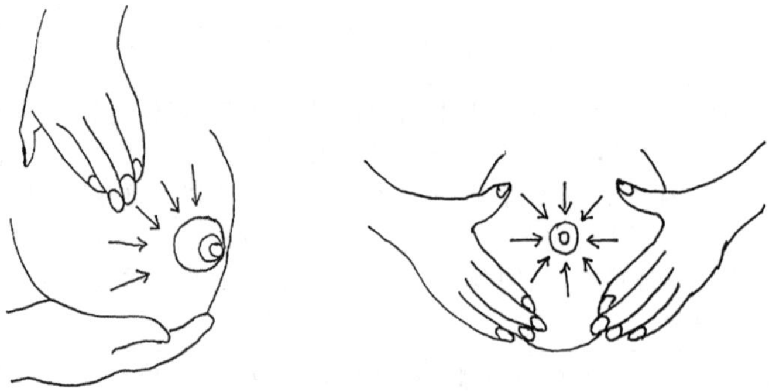

a　　　　　　b

图 6-10　乳房按摩方法

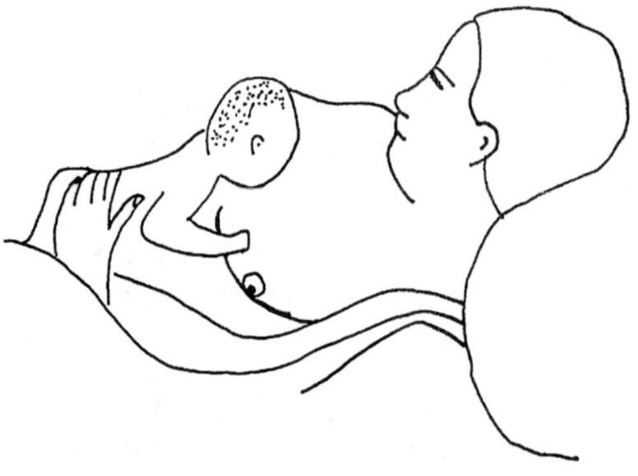

图 6-11　新生儿产后与母亲皮肤早接触、早吸吮

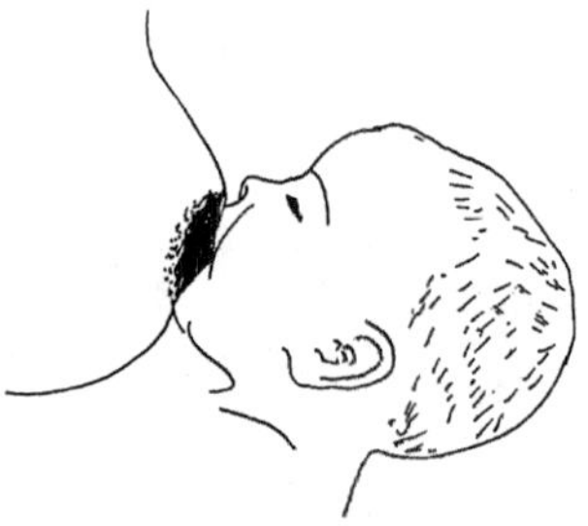

图 6-12　正确的含接姿势

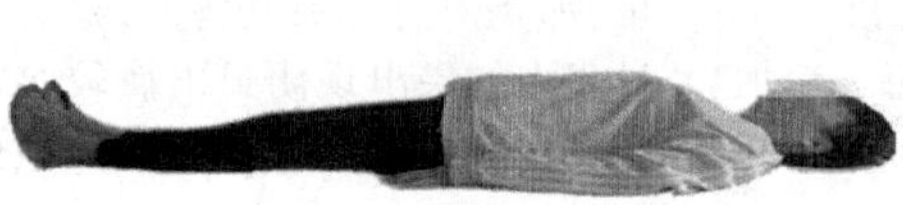

a. 第一节、第二节　深呼吸、缩肛运动

b. 第三节　抬腿运动

c. 第四节　腹背运动

d. 第五节　仰卧起坐

e. 第六节　腰部运动　　　　f. 第七节　全身运动

**图 6-13　产后保健操**

【相关病例讨论】

**病例一**

初产妇，李××，经自然分娩产下一足月成熟男活婴，体重 3550g，外观发育未见明显畸形。出生 1min Apgar 评分 9 分。母婴一般状况良好。护士在建议产妇进行早接触、早吸吮以便及早开奶时，产妇对护士讲，她的乳房小，很担心自己没有充足的奶水喂养宝宝，何况刚刚生产完，根本就没有奶，宝宝再怎么吸也没有用，还有就是刚刚生产完感觉疲惫，会阴伤口疼痛，所以觉得没有必要早吸吮，早开奶。

护理问题：

1. 疼痛
2. 知识缺乏
3. 焦虑

## 讨论与思考

1. 该产妇担心乳房小，没有奶水喂养宝宝，表现出很焦虑。这是由于知识缺乏造成的。护士应告诉产妇，乳房的大小是由脂肪组织和腺体组织数量决定的，而乳汁是由乳腺也就是腺体生成，只要乳腺数量一定的情况下乳房不论大小都能产生乳汁供给婴儿，另外，乳汁量的多少还与婴儿吸吮的次数、乳房排空的情况有关。

2. 该产妇由于刚刚生产完觉得身心疲惫，再加之会阴有伤口所以感觉疼痛不适，这时护士应提供心理上的支持，给予安慰。此时，将新生儿抱与产妇接触，产妇升级为母亲的喜悦感能让她暂时忘却生产的疲惫与身体上的不适。

3. 产妇觉得没有必要早接触、早吸吮及早开奶，这也是由于知识缺乏引起的。护士应告诉产妇，正常分娩，新生儿出生后半小时内裸体与母亲进行皮肤接触，接触时间不少于 30min，为早接触。将新生儿呼吸道进行了清理，擦干了皮肤，处理好了脐带就可以趴放在母亲胸前进行皮肤接触。由于胎儿娩出后不适应较大的温度变化，新生儿与母亲直接接触可保持皮肤温度，母亲与小宝宝接触的过程中可分散产妇注意力，减轻疼痛感。在新生儿与母亲皮肤接触 20min 左右就会出现吸吮样动作，凭借着本能找到乳头并吸吮，这就是早吸吮，这时母亲分泌乳汁的量虽然很少，但蛋白质含量，特别是免疫球蛋白的含量高，可减少新生儿患病，增强抵抗力，这就是初乳。初乳对新生儿的益处是成熟乳汁所不能代替的。早吸吮、早开奶不仅能使新生儿吮吸到营养和免疫价值最高的初乳，增强婴儿抗病能力以及提高母乳喂养的成功率，也能刺激缩宫素的分泌,促进子宫收缩,减少产后出血并且能刺激乳腺排乳。

**病例二**

患者张某,女,23 岁,孕 $38^{+3}$ 周,因“羊水过少”于××年××月××日在腰椎硬膜外麻醉下行“子宫下段剖宫产术”,术中娩出一成熟女活婴,身长 49cm,体重 3050g,Apgar 评分 10 分。术后产妇安全回病房。回房清醒后,护士建议在半小时内进行母婴间的皮肤接触,早吸吮,早开奶,遭家属及产妇拒绝。家属的理由是会影响产妇伤口愈合,还会影响产妇休息,产妇休息不好还会延迟下奶,更重要的是生产中使用了麻醉药物,生产完后又用了抗生素,怕被新生儿吸收。产妇自身则感觉不懂如何进行喂哺婴儿,更何况是躺在床上,根本无法哺乳。

护理问题

1. 疼痛
2. 知识缺乏
3. 焦虑
4. 母乳喂养无效

## 讨论与思考

1. 该产妇家属主要是怕产妇给婴儿哺乳会影响到伤口,而至产妇疼痛。护士应给家属解释清楚,术后伤口疼痛是必然的,而婴儿吮吸乳房时是不会影响到伤口的,婴儿吸吮时可引起子宫收缩,所以哺乳可促进子宫复旧,减少产后出血,所以早吸吮以及勤吸吮能促进子宫复原,这对产妇是有好处的。

2. 该产妇家属还担心药物对乳汁的影响。护士也可以向其解释,现在对剖宫产妇通常采用硬膜外麻醉,并且采取的都是局麻和强化的联合麻醉,药物的毒性小,而麻醉药的剂量也没有达到会对奶水造成影响的程度,等待产妇清醒和肢体能够活动的时候,麻醉药也已经代谢得差不多了,所以这个时候再让婴儿吸吮乳头,没有任何问题。另外,产后输的消炎药并不会影响乳汁的分泌和成分。我们国家产科医院在剖宫产后输液的药品上都很慎重对待,会选用对乳汁没有影响的药品,这方面产妇和家属可以放心。

3. 该产妇不懂如何喂哺婴儿,其实剖宫产后,婴儿与母亲之间的接触以及吸吮都是由护士指导并从旁边帮助完成的。产妇由于剖宫产的缘故术后只能平躺,两侧乳房显得比较平坦,确实不利于婴儿的吮吸,不利于哺乳,护士在旁可以用手呈“C”字形将产妇一侧乳房捏起,帮助婴儿对乳头及乳晕的含接,使婴儿能吮吸到初乳。

**病例三**

患者刘某,剖宫产术后第 5 天,产妇自觉身材臃肿,难以见人,很讨厌这样的自己。为了恢复产前苗条身材,以身体感觉良好、伤口无痛感为由,不顾护士及家属的劝阻,仍坚持每天要完成整套产后保健操的练习。由于产妇的身体尚未恢复,自身运动强度过大,导致产妇在做到其中某一节的时候突然感到伤口疼痛加剧,感觉阴道出血增加。立即通知医生检查,伤口无碍,但医生嘱其卧床静养观察,在身体未恢复前不得强行用力。

护理问题:

1. 焦虑
2. 自我形象紊乱
3. 疼痛

## 讨论与思考

1. 该产妇对自己产后身材难以接受,感到很焦虑。护士应该在旁进行安慰以及提供心理支持。

2. 护士应尽可能地与产妇家属进行沟通,这时产妇更多的是需要家庭对她的理解和支持。

3. 产后保健操对产妇身材的恢复、组织器官的复原有一定的帮助,但是产妇需要根据自己身体情况循序渐进、持之以恒地做下去,并不是强行做几次就能达到目的效果。一般情况下,要使产后腹部肌肉张力恢复到怀孕前的状态,至少需要 2~3 个月的时间。患者想一蹴而就,往往会适得其反,对自己的身体造成伤害。

**病例四**

患者黄某,自然分娩后第 2 天,护士建议进行适当的体育锻炼,想授以产妇产后保健操,被产妇以会阴伤口疼痛为由拒绝;产后第 3 天、第 4 天产妇以同样的理由拒绝护士,并告诉护士没有必要做什么产后保健操,按照她们老家的说法,多喂喂奶身材就恢复了。

护理问题

1. 知识缺乏

2. 疼痛

## 讨论与思考

1. 产妇分娩完后会阴有伤口,确实存在疼痛问题,在这种情况下可适当推迟活动的时间,但是当伤口不感到疼痛时仍需进行适当锻炼。

2. 产妇认为产后健身操只是帮助恢复身材,这种认知需要护士给予纠正。这是由于产妇知识缺乏造成的,护士需耐心给予解释。产后健身操不仅仅是帮助产妇形体的恢复,它还可以防止出现产后尿失禁、膀胱直肠膨出、子宫脱垂等;另外,它还有利于恶露排出,子宫复旧,防止产后晚期出血;还能促进血液循环,防止血栓静脉炎,促进胃肠蠕动,促进食欲,防止便秘的发生。所以应说服和鼓励产妇在身体许可的情况下练习产后健身操。

（罗　尧）

# 《护理专业技术实训》数字化辅助教学资料

一、网络教学资料

1. 网址 www.ecsponline.com/topic.php？ topic_id=29

2. 内容

(1)教学大纲及学时安排

(2)教学用 PPT 课件

二、手机版数字化辅助学习资料

1. 网址(二维码)

2. 内容

(1)知识点/考点标注

(2)练习题:每本教材一套,含问答题、填空题、选择题等多种形式

(3)模拟试卷

三、相关选择题答案

第 1 章　出入院护理技能

项目一　生命体征测量+入院评估+体温单的绘制

1. E　2. D　3. D　4. A　5. C　6. B　7. A　8. C　9. B　10. C　11. A

项目二　铺备用床+标本采集

1. D　2. C　3. C　4. B　5. D　6. C　7. E　8. A　9. B　10. D　11. B

第 2 章　急救护理技能

项目三　心肺复苏+静脉输液(留置针)

1. E　2. B　3. A　4. E　5. C　6. B　7. D　8. C　9. E　10. A　11. D

项目四　止血包扎+静脉输血+氧气吸入

1. E　2. A　3. E　4. C　5. B　6. B　7. B　8. A　9. D　10. E　11. A　12. D　13. C

项目五　洗胃+吸痰

1. A　2. B　3. C　4. D　5. D　6. E　7. D　8. D　9. B　10. A　11. C　12. C　13. C

第 3 章　围术期护理技能

项目六　备皮+导尿+灌肠

1. A　2. C　3. D　4. C　5. B　6. A　7. B　8. B　9. E　10. D

项目七　外科洗手、穿无菌手术衣、戴无菌手套+输液泵使用

1. B　2. C　3. E　4. E　5. B　6. E　7. A　8. C　9. E　10. B

项目八　胃肠减压+换药

1. D　2. B　3. C　4. C　5. C　6. B　7. E　8. C　9. D　10. C

第 4 章　生活支持护理技能

项目九　口腔护理+压疮的预防和护理+卧有病人床更换床单法

1. C　2. D　3. E　4. C　5. D　6. B　7. E　8. C　9. C　10. A　11. D　12. E　13. D

第 5 章　一般治疗护理技能

项目十　皮内注射+肌内注射

1. D　2. D　3. C　4. D　5. C　6. E　7. D　8. A　9. D　10. D　11. E　12. D　13. D　14. E　15. E　16. B　17. B　18. A　19. E　20. D　21. A　22. C　23. B

项目十一　超声波雾化吸入+皮下注射法+鼻饲法

1. D　2. B　3. B　4. A　5. A　6. D　7. D　8. D　9. C　10. D　11. D　12. C　13. D　14. E　15. D　16. C　17. D　18. A　19. B　20. C　21. E　22. C　23. B　24. E　25. D　26. E　27. D　28. C　29. C　30. C

第 6 章　母婴护理技能

项目十二　婴儿体重、身高测量+新生儿沐浴法+新生儿游泳

1. C　2. A　3. B　4. C　5. B　6. D　7. B　8. C　9. A　10. A

项目十三　新生儿抚触+更换尿布

1. B　2. B　3. B　4. E　5. E　6. E　7. C　8. A　9. A　10. E

项目十四　开奶护理+产后保健操

1. A　2. A　3. C　4. B　5. C　6. C　7. E　8. B　9. D　10. D

# 参 考 文 献


乐杰．2008．妇产科学．7 版．北京：人民卫生出版社．

李乐之，路潜．2013．外科护理学．北京：人民卫生出版社．

李玲．2013．护理综合技能训练．北京：中国中医药出版社．

李小寒，尚少梅．2007．基础护理学．北京：人民卫生出版社．

柳丰萍，沙丽艳．2012．基础护理技术实训．北京：人民军医出版社．

楼建华．2012．儿科护理操作指南．2 版．上海：上海科学技术出版社．

王立新．2013．母乳喂养指导守则．北京：北京科学技术出版社．

王平．2014．护士执业资格考试护考急救包．北京：人民军医出版社．

王瑞珍．2012．母婴保健．北京：科学出版社．

熊云新．2005．外科护理学．2 版．北京：人民卫生出版社．

曾建平．2009．护理专业技术实训．北京：人民军医出版社．

张美琴．2008．护理专业技术实训．北京：人民卫生出版社．

郑修霞．2002．妇产科护理学．3 版．北京：人民卫生出版社．

周春美，张连辉．2014．基础护理学．北京：人民卫生出版社．